21世纪经济管理新形态教材·创新创业教育系列
课程思政特色教材

创新思维

主 编◎吕 爽

谭军华　刘小玲
副主编◎刘 磊　杨 彬
魏怡鑫

清华大学出版社
北京

内 容 简 介

本书系统性地介绍了创新思维的内涵、创新思维方式、创新思维方法和工具,详细阐述了"互联网+"和大数据时代的特点以及思维模式,介绍了常见的创新方法和技术创新方法——TRIZ。本书旨在传授知识、引导兴趣、激发创意、训练能力、提升素质,每个章节都安排了激发创新意识的引导案例、巩固知识的课后练习题。通过学习,达到拓宽学生视野、优化其知识结构、提升其综合素养的目的。

本书既可以作为全日制本科院校和高等职业院校教材,也可作为企事业单位培养创新人才、增强企业创新力的参考用书。

图书在版编目(CIP)数据

创新思维 / 吕爽主编 . —北京:清华大学出版社,2022.7(2025.3 重印)
21 世纪经济管理新形态教材 . 创新创业教育系列
ISBN 978-7-302-61073-1

Ⅰ.①创… Ⅱ.①吕… Ⅲ.①创造性思维—高等学校—教材 Ⅳ.① B804.4

中国版本图书馆 CIP 数据核字 (2022) 第 097113 号

责任编辑:刘志彬 付潭娇
封面设计:汉风唐韵
版式设计:方加青
责任校对:宋玉莲
责任印制:曹婉颖

出版发行:清华大学出版社
   网 址:https://www.tup.com.cn, https://www.wqxuetang.com
   地 址:北京清华大学学研大厦 A 座   邮 编:100084
   社 总 机:010-83470000   邮 购:010-62786544
   投稿与读者服务:010-62776969, c-service@tup.tsinghua.edu.cn
   质 量 反 馈:010-62772015, zhiliang@tup.tsinghua.edu.cn
印 装 者:涿州市般润文化传播有限公司
经 销:全国新华书店
开 本:185mm×260mm 印 张:9.25 字 数:170 千字
版 次:2022 年 7 月第 1 版 印 次:2025 年 3 月第 6 次印刷
定 价:45.00 元

产品编号:095236-01

创新创业教育系列教材编写委员会

主　任：卢　一

副主任：陈云川　吕　爽

委　员（排名不分先后）：

当今世界正处于大发展大改革时代，勇于创新才能引领时代，抓住机遇才能跟进激流。正如习近平总书记所强调："创新是社会进步的灵魂，创业是推动经济社会发展、改善民生的重要途径。"改革开放四十多年来，中国经济得到迅猛发展，进入新时代，中国也完成了技术引进到自主创新的华美转身。而这一切皆离不开爱国、敬业、创新、奉献的各类人才在背后不断拼搏创新，是他们激发了整个社会的创新创业活力。创新引领时代航向，提高人类文明水平，改善人类的生存质量，促进人类与自然间的可持续发展。"大众创业，万众创新"的时代背景下，新一轮科技革命与产业革命争相爆发，创新思维、创业意识成为我国实现现代经济增长、跨越中等收入陷阱的强大动力，是提升产业安全与自主发展空间的关键路径。

近年来，创新国家发展战略推动着我国经济高质量发展，构建创新型的国家和社会已成为发展的必然趋势。第三次科技革命的浪潮愈发壮大，创新创业如火如荼，"互联网+"产业蓬勃发展，一个以人民群众为主体、创造活动为载体、创新思维为支撑的庞大体系悄然形成，这个庞大的体系甚至这个时代都迫切需要创新型人才。而高等教育作为培养创新创业人才的摇篮，肩负着引领思想的重要使命。"十三五"时期，我国加强科技人才队伍建设，人才结构进一步优化，一批领军人才和创新团队脱颖而出，青年科技人才逐步成为科研主力军，我国科技创新实力正在从量的积累迈向质的飞跃。同时，针对如何激发高校大学生的创新思维、使用创新工具、培养创新人才，构建高校实施创新教育的路径，本书将为大家厘清思路、提供方法。

本书以创新创业教育理念为依托，深入浅出地对创新思维进行初步探究，结合特色案例提出更新、更精的思维模式和思维方法。在通晓"创新"根源后，引入"互联网+"及大数据的理念，将创新巧妙地融合在技术创新和创造的领域当中。通过实例由浅入深、化繁为简地讲解创新知识，提供创新方法。本书旨在培养具有创新思维、创新能力、创业精神、团队合作、沟通能力的新时代高质量创新人才，为促进人的全面发展和社会进步做出应有的贡献。

　　本书由四川旅游学院创新创业学院院长吕爽副教授率领创作团队写成。吕爽院长在北京大学光华管理学院访问时与我相识，交流颇多，并为北京大学光华管理学院创新创业中心做出诸多贡献。在交流之中，吕爽院长表现出在创新创业教育方面的长期丰富经验，已经形成了丰硕成果，让我深感钦佩。本书正是吕爽院长主持撰写的最新力作。

　　以创新之我，构建青春之国家。本书将深度贯彻"十四五"规划中的"用心谋略，创新思维"等战略目标，促进高校学生培养创新思维，激发创造活力，成就创新型人才。

　　谋创新就是谋未来，新时代要有新作为，让我们共同携手，争做有为青年，担当时代使命，不负青春韶华，为我国创新型国家战略的实现和科技兴国战略添砖加瓦！

　　本书正是高校创新创业教育所需要的，希望看到吕爽院长更多的此类著作涌现。创新创业教育并不容易，尤其对于学院派的大学教师而言，这样的成果是学生所需，也是教师之助，为此作序，是我之幸，谨此为记！

黄　涛

北京大学光华管理学院创新创业中心副主任、教授、博士生导师

北京大学乡村振兴研究院副院长

发展离不开创新，创新强则国运昌，创新弱则国运殆。我国处于实现"两个一百年"奋斗目标交汇之际，全面推进社会主义现代化建设和中华民族伟大复兴中国梦的关键时期，创新驱动是国家命运所系，是社会发展的动力之源。推动创新的核心在于人才，而大学生具有丰富的想象力和较强的可塑性，因此在高校开展创新教育，将大学生作为创新型人才来培养和教育具有重要意义。创新教育意味着培养具有开创性精神的人，包括对定式思维的突破、创造性思维的激发、创新实践能力的提升等。

近年来，我国一直高度重视创新型人才的培养和教育。2015年的政府报告中李克强总理呼吁"大众创新，万众创业"。2016年后，创新驱动受国家更进一步的重视，《国家创新驱动发展战略纲要》指出，实施创新驱动发展战略是中央在新的发展阶段确立的立足全局、面向全球、聚焦关键、带动整体的国家重大发展战略。2018年，习近平总书记强调"发展是第一要务，人才是第一资源，创新是第一动力"。2019年中共中央、国务院印发了《中国教育现代化2035》，将培养一流人才的创新能力作为教育发展的战略目标之一。《中国共产党第十九届中央委员会第五次全体会议公报》的六千多字全文中，"创新"在不同板块被着重提及15次。站在新的历史起点，为走好实现全面建设社会主义现代化国家的新征程，创新无疑是源头活水，更是"第一动力"。

在国家呼吁创新创业的大环境下，大学生是国家创新驱动的主力军，作为大学生成长成才的重要基地，高校不断加强创新创业教育，培育学生的创造性思维与创业精神。创新教育是面向全体高校学生的通识教育，是经济发展新常态下，促进综合素质人才培养的一种教育模式。创新思维的培养不仅有助于扩宽学生视野、突破惯性思维、提升个人综合素质与能力，更为国家创新提供支撑，为社会发展奠定基础。在经济高速发展的今天，创新的重要性已得到社会的普遍认可，培养创新型人才也成了高等教育改革发展的重要内容。大学生创新教育旨在激发学生的创造意识、提高创新能力，将创新实践融入所学专业中，从多种视角理解事物，以创新的方式解决实际问题。

基于上述理解与判断，编者编写了本书，以引导大学生培养创新思维，促进高等教育改革，为国家培养创新型综合人才提供保障。本书编写充分参考国内外创新理论与实践的相关研究成果，共设置 8 章，从创新和创新思维的基本理论入手，在创新思维方式、创新思维方法与工具、互联网思维、大数据思维、创造性思维方法、技术创新方法 TRIZ 等层面详细展开，从创新思维开拓新时代浪潮进一步深化课程知识。同时，本书引用大量案例穿插各个章节，以生动的方式帮助学生理解和掌握理论知识，并将理论与实践相结合，促进学生更有效地掌握创新思维的培育路径，实现自身创新素质的培养。

在构思本书框架时，充分将科学性、理论性、实践性相结合，根据教学实践需求，重新构建知识体系，满足培养大学生创新思维的实用性与可行性，强调原理与方法相结合、理论与实训相结合。在知识内容方面，与时俱进，面向未来，详细阐述了"互联网+"时代与大数据时代的思维方式，融入"六顶思考帽""九宫格""鱼骨图""5W2H 法""奔驰法"等创新思维方法，结合案例与实训着重介绍 TRIZ 技术创新方法。

本书的编写由每位编者在创新创业课程教学实践经验的基础上，通力合作共同完成。全书由四川旅游学院创新创业学院吕爽院长担任主编，组织编写、提出修改意见、审定章节内容，并最终定稿。由哈尔滨工业大学（威海校区）谭军华、四川旅游学院刘小玲、石家庄信息工程职业学院刘磊、山东科技大学杨彬、四川旅游学院魏怡鑫担任副主编。具体编写分工为：第一章由吕爽编写；第二章由吕爽、刘小玲编写；第三章、第四章由魏怡鑫、谭军华编写；第五章由刘磊、杨彬编写；第六章由刘小玲、谭军华编写；第七章由吕爽、魏怡鑫编写；第八章由吕爽、杨彬编写。全书由杨娟协调、刘小玲统稿。所有参与编写的教师都为本书的顺利完成收集了大量的资料，付出了大量的心血。

在本书编写过程中，参考和借鉴了大量国内外相关文献资料、专著及教材，在此，向这些资料的作者表示最诚挚的感谢。感谢清华大学出版社在本书编写期间给予的支持与帮助，包括在文字校对、内容审定、出版等方面的帮助。

本书进行了反复研讨修改，由于编者水平有限，书中疏漏、不当之处难以避免，敬请广大读者提出宝贵意见，以便我们对本书进行进一步的修改、补充和完善。

本书为读者免费提供教学课件和相关教学文件，有需要的读者可以通过 lvshuang0127@163.com 与作者联系索取，或登录清华大学出版社网站 http://www.tup.tsinghua.edu.cn 下载。相关教材咨询与出版，可以通过 1450691104@qq.com 与编辑联系。

《创新思维》简介

《创新思维》怎么讲

吕 爽
2022 年 2 月

第1章 创新与创新思维

学习目标

通过本章学习，学员应该能够：

1. 理解创新与创新的内涵、特征与原则；

2. 了解创新思维的概念；

3. 熟悉和掌握创新思维的过程。

案例导入

方便面诞生的故事

方便面诞生的故事可能大家未必了解。方便面是1958年华裔日本人安藤百福（原名吴百福）在日本的大阪府池田市发明的。

面条是日本人的传统食品。日本人虽然以爱惜时间闻名于世，但即使是在上班的时候，为了能吃一碗热面条，他们宁愿在饭馆前排成一条长龙。这个现象被一家公司的经理安藤百福注意到了。他想："做面条太费时间，为什么不可以让它更简便呢？那样人们就不用排队了。"产生了这样的想法后，安藤百福马上开始试制方便面。

他在开发之际设定了几个条件：简便、可口有营养、能在常温下长期存放、卫生、廉价。

但是，这种面条并不是一般的面条。安藤百福制造的是一种可以由工厂批量生产的、可保存的食品。买了一台轧面机后，他开始了试制工作。随着轧面机轧出的不是一根根面条，而是像泡沫般的团块。经过复试验弄清了原因：面粉中的蛋白质遇到盐分失去了黏力。于是他先把没盐的面粉制成普通的面条，蒸熟后，浸到酱汤里过一下，于是面条带有咸味。这无异于是面食技术的一场革命。接下来就是如何将面条烘干，以便长期保存。最初，他利用太阳光晒干面条的办法，但这太费时间且需手工操作，不适于工厂化的大规模生产。之后，他试用过油的办法，效果良好。油炸后，水分立即蒸发，面条上出现许多细孔，这使面条在热水浸泡时吸水很多，很快变松软，而且过油的面条更富有弹性，味道之好，非普通面条可比。第一批方便面条便是今日老幼皆知的"鸡肉方便面"，1958年8月第一次上市销售。

正如安藤百福所预想的那样立即引起轰动，爆发性畅销，仅1959年4月，"鸡肉方便面"就出售了1300万包。这引起日本其他干面条制造商也来介入方便面行业的竞争。

干面条制造商奥井清澄在 1960 年 1 月，用外添调料袋的办法，制造出食客可以随心所欲调味的方便面，挤入了这一新兴的市场。于是市场上出现了两种方便面：一种是不用调料袋的方便面，一种是外添调料袋的方便面。起初，安滕百福的方便面因为拥有专利权而畅销无阻，但不久后消费者开始青睐外添调料袋的方便面。因为它能适应众多消费者对味道浓淡的不同需要，从而受市场的欢迎。然而，大批量生产外添调料是一个难题，有兴趣向这一领域发展的一家东京食品公司攻克了这一难题。1962 年开始，他们利用制造速溶咖啡的喷雾干燥法制作调料粉末，获得了非常理想的效果。从此，外添调料方式的方便面占据了市场上的主要地位。鉴于方便面条已由多家公司大规模制造，日本农林省制定了方便面条的日本有机农业标准，颁行于日本食品工业界。这样方便面条就从早期的初级产品成长为一种大众化的据有稳定市场的规范产品。

安藤百福在发明方便面后，创立日清食品公司，贩售"鸡汤拉面"口味，最初的售价为 35 日元，但仿制产品随即出现，导致产生削价竞争。

日清公司在发明方便面后，便积极向国外发展。1963 年先与韩国三养食品合作，1968 年再与我国台湾的食品公司合作推出鸡汤口味的生力面。最初的生力面因为沿用原来的配方，在我国台湾销路并不好。在调整过调味与面条的口感之后，成为我国台湾的畅销产品，顾客多半买回家当宵夜食用，或者是加蛋煮食。曾有一段时期，"生力面"几乎成为这类产品的代名词。

虽然方便面在亚洲颇受好评，20 世纪 60 年代末期在美国却无法顺利打开市场。因为一般美国人没有烧开水的习惯，而且家中的餐具也以餐盘为主。为了让不习惯用碗的民族消费方便面，日清公司发明以发泡聚苯乙烯为容器的杯面，于 1971 年在日本上市，售价为 100 日元（0.25 美元），为当时袋装方便面售价的三倍以上。

杯面在试卖期间在球场与赛马场等地点销售，因价格过高而不受欢迎，最后只能在某些必须夜间值勤的单位贩卖，如消防队与日本自卫队。为求打开市场，安藤百福在东京闹区与三越百货公司合作促销，创下四个小时卖出两万份的纪录，才奠定日本人接受杯面的基础。由于杯面走高价路线，所以配料包括冷冻干燥法制成的干燥虾，同时也改以叉子作为餐具。东京街头促销让杯面在关东得以立足。

【思考题】

1. 方便面相比于传统面条具有创新性，试分析其体现了创新的哪些特性。

2. 假设你是安藤百福，请模拟安藤百福发明方便面的创新思维过程。

3. 安藤百福的创新能力体现在哪些方面？

（案例资料来源：https://www.chinapp.com/gushi/136126）

1.1 认识创新

1.1.1 创新的定义

创新，即创造新的事物。《广雅》指出"创，始也"；新，与旧相对。在中国，"创新"一词很早就出现了，初期主要指制度、政策等方面的革新、变革和改革，但不包括科技方面的创新。例如，《魏书》有云："革弊创新者，先皇之志也。"比《魏书》稍晚的《周书》云："自魏孝武西迁，雅乐废缺，征博采遗逸，稽诸典故，创新改旧，方始备焉。"与创新含义相近的词汇还有维新、鼎新等，如"咸与维新""革故鼎新""除旧布新"，因而，古代"创新"一词通常指改变原有的制度、成文或规则等。创新的英语表述"innovation"起源于拉丁语。它的原意有三层含义：第一是更新，就是对原有的事物进行更换；第二是创造新的事物，就是创造出原来没有的东西；第三是改变，就是对原有的事物进行发展和改造。可见，创新是以新思维、新发明和新描述为特征的一种概念化过程。

知 识 链 接

古人的铭文与创新

中华民族自古以来就崇尚创新，商代《盘铭》有云："苟日新，日日新，又日新。"这是中华民族最早的铭文的代表之一。最早刻在商朝开国君主商汤的澡盆之上，旨在提醒国君弃旧图新。后来被记载在中国儒家经典——《礼记·大学》的第三章。其从勤于省身和动态的角度来强调及时反省和不断革新，对后世有着深远的影响。

1.1.2 创新的内涵

（一）创新的哲学内涵

从哲学层面上看，创新是人的实践行为，是人类对发现的再创造，是对物质世界矛盾的再创造。创意是创新的特定形态，意识的新发展是人对于自我的创新。发现与创新构成人类对于物质世界的解放，也是人类自我创造及发展的核心发展的矛盾关系，代表两个不同的创造性行为。只有对于发现的否定性再创造才是人类产生及发展的基本点。实践才是创新的根本所在。创新的无限性在于物质世界的无限性。

创新的哲学内涵概括起来有以下五点：

（1）物质的发展。物质形态对于我们来说是具体矛盾。我们认识的宇宙与哲学的宇宙在哲学上代表了实践的范畴与实践的矛盾世界两个不同的含义。创新就是创造对于实践范畴的新事物。任何有限的存在都是可以无限再创造的。

（2）矛盾是创新的核心。矛盾是物质的本质与形式的统一。物质的具体存在与存在本身都是矛盾的。任何以人的自我内在矛盾创造的新事物都是创新。

（3）人是自我创新的结果。人的创新创造出人对于自然的否定性发展。这是人超越自然达成自觉自我的基本路径。人的内在自觉与外在自发构成规律，在物质的总体上形成对立的内在必然与外在必然的差异。创新就是人的自觉自发。

（4）创新是人自我发展的基本路径。创新与积累行为构成一个矛盾发展过程。创新是对于重复、简单的劳动方式的否定，是对于人类实践范畴的超越。新的创造方式创造新的自我。

（5）从认识论上看，创新是自我意识的发展。自我意识的发展是自我存在的矛盾面，其发展必然推动自我行为的发展，推动自我生命的发展。

（二）创新的社会学内涵

从社会学层面看，创新是指人们为了发展的需要，运用已知的信息，不断突破常规，发现或产生某种新颖、独特的具有社会价值或个人价值的新事物、新思想的活动。创新的本质是突破，即突破旧的思维定式、旧的常规戒律。创新活动的核心是"新"。它可以是产品的结构、性能和外部特征的变革，或者是造型设计、内容的表现形式和手段的创造，也可以是内容的丰富和完善。阮青提出，创新是创新主体为解决创新实践中提出的问题，通过实践活动而实际地改变现存事物，形成新的价值观念、新的战略部署、新的概念设计、新的制度体制、新的活动方式、新的关系模式等，从而创造或增加其经济价值或社会价值，推动人类社会的进步和发展的精神性或物质性活动过程。

（三）创新的经济学内涵

从经济学层面看，对创新内涵的理解一般包括狭义和广义两个层次。

狭义的创新就是技术创新，即从新思想产生，经过研究开发或技术组合，到产品设计、试制、生产、营销各环节，并产生经济效益和社会效益的商业化全过程。其中，"新思想"是指新技术、新产品、新工艺、新服务的构想。这些构想可以来源于科学发现、技术发明、新技术的新应用，也可以来源于用户需求。"研究开发或技术组合"是实现技术新构想的基本途径。其中，研究开发是指各种研究机构、企业创造性地运用科学技术新知识或实质性地改进技术、产品和服务而持续进行的具有明确目标的系统活动；技术组合是指将现有技术进行新的组合，只需要少量的研究开发甚至不需要研究开发即可实现。"产品设计、试制、生产、营销"是新技术的实际应用过程，是生产新产品，提供新服务，采用新技术对产品、服务、工艺改进的过程。"商业化"是指创新的活动全部是出于商业目的。"经济效益和社会效益"是指近期或者未来的利润、市场占有率或社会福利等，是创新实现商业目的的重要体现。"全过程"则是指从新构想的产生到获得实际应用的全部过程，如果在新设想、研究开发或者实际应用等某一环节终止，就不能称为创新。

广义的创新将科学、技术、教育以及政治与经济融合起来，即创新表现为不同参与者和机构之间的交互作用的网络。在这个网络中，任何一个节点都有可能成为实现创新行为的特定空间。创新行为因而可以表现在技术、制度或管理等不同方面，如技术创新、工艺创新、制度创新、市场创新、管理创新等。

1.1.3　创新的分类

创新按照创新成果和创新活动性质的不同可分为多种类型，以下是近年来国内外研究者对创新的不同分类方法。

（一）按照创新成果是否是原创来分类

根据创新成果是否具有原创性，分为原始创新和改进创新。

原始创新，是指重大科学发现、技术发明原理性主导技术等原始性创新活动。

改进创新，是对原有的科学技术进行改进所做的创新。比如，火车的驱动方式从最初的蒸汽机发展至内燃机，再发展至电力驱动，行驶速度也在不断提升，最终构建了遍布全球的高速铁路网。改进创新可分为材质的改进、原理结构的改进和生产技术的改进等。

（二）按照创新成果是否是首创来分类

根据创新成果是否属于全世界范围内出现的首例，可以分为绝对创新和相对创新。

绝对创新是指在全世界范围内实现的首创。例如，我国的四大发明、牛顿的运动定律等便是在全世界范围内的首创，属于绝对创新。

相对创新是不考虑其成果是否属于全世界范围内实现的首创。相对创新不考虑外界环境，创造者在自己原来的基础上实现的新突破属于相对创新。

（三）按照创新成果是否拥有自主知识产权来分类

根据创新成果是否拥有自主知识产权，可以分为自主创新和模仿创新。

自主创新是相对于技术引进、模仿而言的一种创新活动，是指拥有自主知识产权的独特的核心技术，在此基础上实现产品创新的过程。自主创新的成果，一般体现为新的科学发现以及拥有自主知识产权的技术、产品、品牌等。

模仿创新与自主创新是两个相对的概念。模仿创新是通过模仿而进行的创新活动，一般包括完全模仿创新、模仿后再创新两种模式。模仿创新难免会在技术上受制于人，随着知识产权保护意识的不断增强，专利制度的不断完善，仅靠模仿要获得效益显著的技术十分困难。

1.1.4 创新的特征

不同学者对创新内涵理解的角度不同，对创新基本特点的理解也不尽相同。本书主要从以下五个方面来论述创新的基本特征。

（一）首创性

首创性是创新的最主要特征。创新是一种首创，即"第一个"。创新的结果在局部或全部应是先前从未存在过的，是先于他人，见人之所未见，思人之所未思，行人之所未行，获得的人类文明的新发展、新突破。例如，我国古代的三大发明（火药、指南针、印刷术）在世界上是首创的；西方国家的三大能源发现（蒸汽能、电能、原子能）也是首创。首创的意义在于第一个发现某一领域、某一方面的奥秘，第一次发现某种内在规律，或发现、发明某种新理论、新技术、新方法，引起经济、社会的重大变革。

（二）普遍性

创新存在于人类活动的一切领域并且贯穿于人类活动的各个阶段，即创新无处不在、无时不有，这就是创新的普遍性。同时，创新能力是人人都具有的一种能力。如果创新能力只有少数人才具有，那么许多创新理论，包括创造学、发明学、成功学等，就失去了存在的意义。

（三）社会性

创新的社会性是指创新活动所表现出的有利于群体创新和社会发展的特性。当然，这并不意味着创新的社会性只包括群体性创新活动，而不包括个体性创新活动。实际上，群体创新与个体创新之间是辩证统一的关系。一方面，人的个体创新意识、能力等主要源于社会，是社会创新力量在个体创新方面的表现。生活于一定社会形态中的创新个体，其创新体现和反映着这一社会形态的整体性质。另一方面，每个人的创新活动在社会分工中占有一定的地位，是社会整体创新活动中必不可少的一个细胞。这表明，个体创新是社会创新的一部分，具有社会的性质。

（四）双重性

创新的双重性表现在很多方面。首先，创新是受动性和能动性的统一。创新的受动性表现在它受制于客观事物运动的规律，受制于创新手段和创新目的，受制于创新主体的水平和能力等；创新的能动性表现在创新活动中不受客观事物固有规律的影响，而应该发挥创新者的主观能动性，不断实现超越。其次，创新是绝对性和相对性的统一。总体而言，创新是绝对的、无限的；但就每个具体的创新而言，创新又是有限的、相对的。最后，大多数创新活动对社会发展具有重大的促进作用，但也有一些创新活动对社会发展具有一定的破坏性、阻碍性作用。大多数创新在创新之初促进社会发展，但发展至一定时期或一定阶段，反而阻碍社会的进一步发展；不少创新对社会发展既有促进作用，又有破坏作用，关键是如何利用创新成果。

（五）高风险性

创新的高风险性是由创新自身的不确定性所决定的。这种不确定性主要包括技术的不确定性、市场的不确定性以及一般的政治和经济因素的不确定性。创新风险不同于现实中其他风险，其不确定性不能用概率统计理论来进行处理。未来的不确定性会产生两种结果：有利于创新主体和不利于创新主体。不利于创新主体的结果就是风险。通常而言，不确定性越大，风险越高。创新需要投入相应的人力、物力、财力，投入的多少取决于创新程度。创新程度越大，投入越多。创新能否成功，投入能否顺利得到回报，受很多不确定因素的影响，最后造成的创新结果可能回报颇丰，也可能一无所获。

1.1.5 创新的原则

创新原则就是人们开展创新活动时所要依据的基本法则和判断创新构思所凭借的标准。

（一）遵守科学原理原则

创新必须遵循科学技术原理，不得有违科学发展规律。因为任何违背科学技术原理的创新都是不能获得成功的。比如，近百年来，许多才思卓越的人耗费心思，力图发明一种既不消耗任何能量，又可源源不断对外做功的"永动机"。但无论他们的构思如何巧妙，结果都逃不出失败的命运。其原因在于他们的创新违背了"能量守恒"的科学原理。

（二）社会评价原则

创新要获得最后的成果，必须经受走向社会的严峻考验。爱迪生曾说："我不打算发明任何卖不出去的东西，因为不能卖出去的东西都没有达到成功的顶点。能销售出去就证明了它的实用性，而实用性就是成功。"在进行社会评价时把握住评价事物使用性能最基本的几个方面，然后在此基础上做出结论，主要包括：解决问题的迫切程度；功能结构的优化程度；使用操作的可靠程度；维修保养的方便程度；美化生活的美学程度。

（三）相对较优原则

创新不必要一味追求最优、最佳、最美、最先进。创新产物不可能十全十美。在创新过程中，利用创造原理和方法，获得许多创新设想，它们各有特点，这时，就需要人们按相对较优的原则，对设想进行判断和选择。运用该原则应着重考虑如下几个方面：从创新技术先进性上进行比较；从创新经济合理性上进行比较选择；从创新整体效果上进行比较选择。

（四）机理简单原则

创新只要效果好，机理越简单越好。在现有科学水平和技术条件下，如不限制实现创新方式和手段的复杂性，所付出的代价可能远远超出合理程度，使得创新的设想或结果毫无使用价值。在科技竞争日趋激烈的今天，结构复杂、功能冗余、使用繁琐成为技术不成熟的标志。因此，在创新的过程中，要始终贯彻机理简单原则。为使创新的设想或结果更符合机理简单原则，可进行如下检查：新事物所依据的原理是否重叠，超出应有范围；新事物所拥有的结构是否复杂，超出应有程度；新事物所具备的功能是否冗余，超出应有数量。

（五）构思独特原则

我国古代军事家孙子在其名著《孙子兵法·势篇》中指出："凡战者，以正合，以奇胜。故善出奇者，无穷如天地，不竭如江河。"所谓"出奇"，就是"思维超常"和"构思独特"创新贵在独特，创新也需要独特。在创新活动中，关于创新对象的构思是否独特，可以从以下几个方面来考察：创新构思的新颖性；创新构思的开创性；创新构思的特色性。

（六）不轻易否定原则

不轻易否定原则是指在分析评判各种产品创新方案时应注意避免轻易否定的倾向。在飞机发明之前，科学界曾从"理论"上进行了否定的论证；过去也曾有权威人士断言，无线电波不可能沿着地球曲面传播，无法成为通信手段。但是，这些结论现在早已证明都是错误的，这些不恰当的否定之所以出现是由于人们运用了错误的"理论"，而更多的不应该出现的错误否定，则是由于人们的主观武断，为某项发明规定了若干用常规思维分析证明无法达到的技术细节的结果。

（七）不简单比较原则

在避免轻易否定倾向的同时，还要注意不要随意在两个事物之间进行简单比较。不同的创新，包括非常相近的创新，原则上不能以简单的方式比较其优势。不同创新不能简单比较的原则，带来了相关技术在市场上的优势互补，形成了共存共荣的局面。创新的广泛性和普遍性都源于创新具有的相融性。例如，市场上常见的钢笔、铅笔就互不排斥，即使都是铅笔，也有普通木质的铅笔和金属或塑料自动铅笔之分，它们之间也不存在排斥的问题。

以上是在创新活动中要注意并需切实遵循的创新原理和创新原则，这些均是根据千百年来人类创新活动成功的经验和失败的教训提炼出来的，是创新智慧和方法的结晶；体现了创新的规律和性质，按照创新原理和原则去创新并非束缚思维，而是把创新活动引入安全可靠、快速运行的正轨。

1.2 认识创新思维

创新思维作为一种综合的思维方式，是在人类认识活动高级阶段展现出来的。创新思维与一般思维有所不同，突出表现在运用其取得的成果是具有独创性、突破性、新颖性和价值性的特征上。创新思维发生、运行的过程兼具首创性或独创性、发散性或扩展性、流畅性或顺畅性、批判性或质疑性以及综合性或整体性的特征，是一个辩证发展的思维过程。在创新思维的发生及运行过程中，按照逻辑性与非逻辑性区分参与其中的不同思维形式，逻辑性之中的逻辑推理和假说等是规范思维的基本形式；而非逻辑性中的灵感思维、逆向思维、想象思维、超前思维等又成为创新思维发生及运行的必要前提。创新思维在发生及运行过程中主要通过潜意识与显意识、逻辑思维与非逻辑思维、发散思维与收敛思维几种关系形式体现其创新性。

1.2.1 创新思维的定义

创新思维是属于思维的范畴，研究创新思维的特点、形式和内容，首先就要了解思维，只有理解思维的含义才能由广义的思维范畴下具体分析创新思维的内涵及外延，这样对创新思维的研究才能做到有源之水、有本之木，是有根据的研究，有深度的研究。《中国大百科全书》哲学卷中将思维区分为广义与狭义两重概念，思维在"广义上是相对于物质而与意识同义的范畴；狭义上是相对于感性认识而与理性认识同义的范畴"。思维是高度组织起来的物质即人脑的机能，人脑是思维的器官。巴甫洛夫关于第二信号系统的学说和现代关于脑科学研究的成果，愈来愈清楚地揭示出思维的物质生理机制，说明思维同大脑有不可分割的联系。但是，思维的产生不是单纯由大脑的生理基础决定的。

思维是人所持有的反应形式，它的产生、存在和发展，都与社会实践和语言紧密地联系在一起。人在不断认识世界和改造世界的过程中都有思维参与其中，在这一过程中所形成的习惯性思维模式，就是思维方式。思维方式有很多种，创新思维作为有创见的、有价值的思维方式在人的认识实践活动中发挥了重要的作用。人类社会不断发展离不开人类自身的发明、发现与创造，一切文化的物质及非物质存在形式都与创新思维有关。思维是人脑对外部信息、内部信息加工的活动，它是一种无形的资源，指导人们的认识、实践活动。思维是大脑对信息的加工活动。这里所说的信息，不仅包括来自客观外界的信息，而且包括来自主体内部生理、心理需要方面的信息。甚至可以说，思维的动力主要来自主体内部的需要。因为，只有根据主体自身的各种各样的需要，只有通过对来自主体内部的信息进行加工之后，才能从价值上对纷繁复杂的外部信息进行选择，决定取舍。而创新思维的特征更加突显思维的潜在能量，它在不断开发大脑潜能，探索积极心理因素与良好的客观环境，统一不同的思维方式，培养人们的创新意识，从而将创新思维运用于实践活动中以收获更大的价值的一种高级思维方式。创新思维作为人类独有的思维方式，在人类文明发展历程中发挥着重要作用。

长期以来，学术界有关创新思维的研究并未停留在表面现象，而是在脑科学、心理学、人工智能科学等不同领域都开展了有关创新思维的深入研究。随着我国思维科学的发展与进步，这些学科的发展有利于从思维的本质上揭示出创新思维的奥秘。思维是人类的智力核心，思维也是指导人类实践活动的基础环节，作为思维活动的成果并不都是有创造性的，那些缺少创造性的成果就是在思维心理与思维过程中缺少对创新思维的运用，缺少了利用灵感、顿悟、直觉等非逻辑的思维方式进行思考，没有突破固有思维，从而导致思维及其产生的结果都是保守的。

21 世纪的人类社会进入了发展的新阶段，现代科学技术、知识信息领域的高速更新，要求创新思维必须参与到人的知识创新、科学发现、技术发明、艺术创作，以及认识自然等的活动中。思维对实践具有指导性作用，具有创造性质的思维方式在人们生产实践活动中的作用就更为明显，因此深入、系统地研究创新思维理论，有利于促进当代社会的进一步发展。

创新一词在《辞海》中解释为"抛开旧的，创造新的"。而创新思维有别于一般思维主要表现在其思维成果具有独创性、突破性、新颖性和价值性等特点之中，这也是判断创新思维的标准。创新思维是思维发展的高级形式，它也是人脑思维的一种综合思维，它是同人脑机能直接相关，是人脑机能作用下的产物，是自然界长期演化和集体智慧共同作用的结果。因此，创新思维作为一个综合、系统的思维方式，与思维素质、思维心理、思维形式、思维环境和思维结果相联系，是对它们的一种系统性、综合性的反映。

1. 创新思维的含义

创新思维是改变已有思考问题的角度、观点，另寻新的方向去认识事物，突破固有思维模式的认知方式，从而提出不同于寻常的、富有创见的新观念、新理论的思维。创新思维就其成果而言，不论是个体创新思维、群体创新思维，或是社会创新思维都是以具有突破性的新假说、新观点、新概念、新理论的形式展现的，主要概括就是一种能开拓意识新领域的、有创见的思维方式。随着理论界对创新思维研究的深入，其含义也在不断具体化。有关创新思维更为具体的定义是：思维主体依托大脑（尤其是右脑）皮层区域的运动，以人类特有的高级形式的感知、记忆、思考、联想、理解等能力为基础，在与思维客体的相互作用过程中，通过发散和收敛、求异和求同、形象和抽象、逻辑与非逻辑等辩证统一的思维过程，历经准备、酝酿、阐明和验证四个阶段，形成具有首创性、开拓性、复合性认知成果的心智活动。

创新思维的重新定义，意味着人们对于创新思维的研究开始细化与深入，不只是停留在逻辑思维层面，而是涉及更多学科门类的综合性研究。研究创新思维就要了解其思维活动的过程，在创新思维的活动过程中，一般情况下需要四个阶段参与其中，如图 1-1 所示。

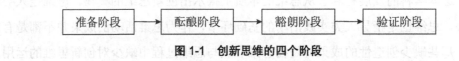

图 1-1 创新思维的四个阶段

由于以上四个阶段的任务和目的不同，因此参与其中的思维方式也就不同。前两个阶段主要是对目标对象进行分析、综合、归纳、演绎、比较、类比等形式，因而运用的是逻辑思维；豁朗阶段又称顿悟阶段，后两个阶段则主要是发现突破、取得创新，因而大多依靠想象、灵感、直觉及顿悟等非逻辑思维。

由于创新思维的发生及运行主要是依靠灵感、直觉或顿悟等非逻辑思维方式，因此它又经常表现为思维发展过程中的突变性、跨越性，或者是思维逻辑的中断性，创新思维不仅仅表现为对现有概念、知识循序渐进的逻辑推理的结果和过程。创新思维的发生及运行不是在由单一思维下完成的，而是由构成对立面的逻辑思维与非逻辑思维、发散思维与收敛思维、求异思维与求同思维的辩证性发展、共同作用实现的。创新思维的发生及运行是在既相互区别、否定、对立，又相互补充、依存、统一的综合思维中充分体现出其综合性，是各种思维方式的综合体。由多种思维方式构成创新思维的矛盾性运动极大地推动了创新思维的发展。创新思维的反常性，过程的辩证性，空间的开放性，成果的独创性及思维主体的能动性是其区别于一般思维的又一重要特征。

创新思维作为一个思维过程，是奠基在逻辑思维的基础上。应该说，无论怎样的创新思维形式，均离不开逻辑思维的基础作用。创新思维在解决问题时不再将思维局限于逻辑的、单一的、线性的方式中，而是能够从全方位、多角度、多侧面地分析问题。这样的思维方式既开放了思维的空间性，又充分运用发散思维、逆向思维、求异思维、非线性思维等思维方式。创新思维最本质的特性体现在其成果的独创性，由创新思维所取得的成果常常具体表现为其是新颖的和唯一的。创新思维是思维发展至高级阶段的思维形式，因此它不仅是客观世界在人脑中简单的、直观的反映，而且还是人为目的的思维活动。

2. 创新思维的本质

创新思维是一个复杂的系统，对其本质的研究要从功能、结构、哲学三个层面展开。从功能层面看，创新思维的本质在于"出新""革新"，在于运用其获取前所未有的认识成果；从结构层面看，创新思维的本质在于"超越""突破"，在于运用其独特的思维方式突破原有的思维结构；从哲学层面看，创新思维的本质在于由"量变"到"质变"，是量变及量变过程中的部分质变或质变。

（1）从功能层面看，创新思维的本质在于——"出新""革新"，在于产生前所未有的认识成果。关于创新思维的中"新"的理解，应该至少包括以下三个方面：第一方面，创新思维在面对新的领域和解决新的问题时，人们可以使用新的思路与方法来解决问题。第二方面，创新思维在面对旧的领域和解决旧的问题时，依然可以使用新的思路、有效的方法解决问题。第三方面，利用创新思维可以获取新的思维成果。一定要正确区分思维成果与实践结果，创新思维是指那些获得了新的思维成果的思维。正是因为创新思维能够获取首创性、价值性的认识成果，所以才不同于传统思维的创新思维，这也是创新思维与非创新思维的判断标准。

（2）从结构层面看，创新思维的本质在于——"超越""突破"，是对已有思维结构的突破。在系统科学研究中，功能是被结构所决定的。因此，创新思维的结构特点与功能特点相联系，结构特点决定了其功能特点。创新思维的出新功能受制于它的超越结构。人们的思维结构是通过日常的学习与实践活动，由一定的知识、经验逐渐形成和建立的。一种思维结构逐步建立后，其存在就具有相对的稳固性，创新思维的结构特征在于对传统思维的超越，突破思维定式，突破惯有思维结构。

（3）从哲学层面看，创新思维的本质是"量变""质变"，是量变及量变过程中的部分质变或质变。人作为思维活动的主体，创新思维活动是人有意识、有目的、能动的活动，这一活动的过程体现着量变，也体现着质变，是量变和质变的统一。

创新思维的发生及运行就是人们有意识、有目的的思维活动，在这一活动中彰显创新思维的"出新""革新"，超越了传统思维方式，是对传统思维方式的"突破""飞跃"，是在传统思维基础上的量变，当量变积累一定程度，质变随之产生，量变过程中也会引起部分质变。总之，创新思维的本质不是单一的，而是具有多层次性，其功能层面的本质是"出新""革新"、结构层面的本质"超越""突破"、哲学层面的本质是"量变"部分质变"质变",是三个层面的统一。

3. 创新思维的特征

（1）开放性

发散性思维就是一种开放性的思维,其过程是从某一点出发,任意发散,既无一定方向,也无一定范围。其主张打开大门,张开思维之网,冲破一切禁锢,尽力接受更多的信息。人的行动自由可能会受各种条件的限制,但人的思维活动却有无限广阔的天地,是任何外界因素难以限制的。

发散性思维是创新思维的核心。发散性思维能够产生众多的可供选择的方案、办法及建议,能提出一些别出心裁、出乎意料的见解,使一些似乎无法解决的问题迎刃而解。

（2）联想性

联想是将表面看来互不相干的事物联系起来,从而实现创新。联想思维可以利用已有的经验创新,如我们常说的由此及彼、举反又三、触类旁通,也可以利用别人的发明或创造进行创新。联想是创新者在思考时经常使用的方法,也比较容易见到成效。

（3）求异性

创新思维在创新活动中,尤其在创新初期阶段,求异性特别明显。其要求关注客观事物的差异性与特殊性,关注现象与本质、形式与内容的不一致性。

一般来说,人们对司空见惯的现象和已有的权威结论怀有盲从和迷信的心理,这种心理使人们很难有所发现、有所创新。而求异性思维则不拘泥于常规,不轻信权威,以怀疑和批判的态度对待一切事物和现象。

（4）逆向性

逆向性思维就是有意识地从常规思维的反方向去思考问题的思维方法。如果把传统观念、常规经验、权威言论当作金科玉律,则常常会阻碍我们创新思维活动的展开。因此,面对新的问题或长期解决不了的问题,不要习惯于沿着前辈或自己长期形成的、固有的思路去思考,而应从相反的方向寻找解决问题的办法。

（5）综合性

综合性思维是把对事物各个侧面、部分和属性的认识统一为一个整体,从而把握事物的本质和规律的一种思维方法。综合性思维不是把事物各个部分、侧面和属性的认识随意地、主观地拼凑在一起,也不是机械地相加,而是按它们内在的、必然的、本质的联系,把整个事物在思维中再现出来的思维方法。

1.2.2　创新能力与创新思维

创新能力是指人在顺利完成以原有的知识、经验为基础的创建新事物的活动过程中表现出来的潜在的心理品质。创新能力是人们革旧布新和创造新事物的能力，包括发现问题、分析问题、发现矛盾、提出假设、论证假设、解决问题以及在解决问题过程中进一步发现新问题，从而不断推动事物发展变化等。创新思维是创新能力最基本的三个构成要素之一，另外两个构成要素是创新意识和创新技能。创新能力有一部分是来自于不断发问的能力和坚持不懈的精神；创新能力在一定的知识积累的基础上，可以训练出来、启发出来，甚至可以"逼出来"。总的来说，创新能力是人们运用已有的基础知识和可以利用的材料，并掌握相关学科的前沿知识，产生某种新颖、有社会价值或个人价值的思想、观点、方法和产品的能力。

当人的目标需求体系通过实践操作系统与外部环境接触后，发现现实条件不能满足自己的需要，便会发现问题，并力图解决它，以便达到目的。于是，创新能力便在人类利用外在环境以求自身生存与发展的过程中生成。这种生成过程是一个漫长的历史进程，而且其总是伴随着人类自身的进化发展，尤其是人脑机能的不断健全，从简单的工具发明到复杂的思想和物质创造，最终形成纷繁斑斓的人类文明体系：物质文明、制度文明和精神文明。这便是创新能力的形成过程。

创新能力的作用主要表现在以下三个方面：

（1）教人学会创新思维；

（2）教人如何进行创新实践；

（3）教人解决遇到的各种现实问题。

1.2.3　创新思维模式

（一）垂直思维和水平思维的综合运用

垂直思维是以逻辑与数学为代表的思维模式，又被称为纵向思维法，是指传统意义上的逻辑思维方法，这种思维模式最根本的特点是：根据前提一步步地推导，既不能逾越，也不能出现步骤上的错误，它是在一定范围内的纵向思考方式。思维的方向性与连续性是其主要特点。

水平思维又称横向思维，不是过多考虑事物的确定性，而是考虑它的多种选择的可能性；关心的不是修补旧观点，而是去考虑如何提出新的观点；不是一味地追求正确性，而是追求其差异性、丰富性，从多方向、多角度、多方位出发思考问题，其特点是思维的多维性和发散性。

垂直思维和水平思维互为补充，互为支持。单纯运用垂直思维将会陷入僵化和封闭，单纯运用水平思维则有可能缺乏持久性导致问题不能得到根本解决。唯有将两种思维模式混合运用，既保证思维的深度，又保证思维的广度，才能在方向正确的前提下提出更多的解决方案，并在此基础上论证每种方案的可行性和时效性，最终得出最佳方案。

（二）头脑风暴法

头脑风暴法有很多名字，如会商思维法、脑力激荡法或智力激励法等。该方法是由美国 BBDO 广告公司负责人奥斯本于 20 世纪 40 年代提出，当时称为头脑风暴（brainstorming）。在群体决策中，由于群体成员心理相互作用影响，易屈于权威或大多数人意见，形成所谓的"群体思维"。群体思维削弱了群体的批判精神和创造力，损害了决策的质量。为了保证群体决策的创造性，提高决策质量，在管理上发展了一系列改善群体决策的方法，头脑风暴法是较为典型的一个。这种思维的方法是汇集一批专家、技术人员和其他相关人员共同进行思考，集思广益，通过大家不同的想法以此寻找最佳的创意理念。参加头脑风暴的人是拥有各种思维方式的人和拥有各种知识的人员，大家互相鼓励、启发、共同创意，完成头脑风暴法。

（三）"二旧化一新"法

"二旧化一新"是指：两个原本非常普遍的概念，可以是两种想法，两种情况甚至是两种事物，把它们融汇在一起并有了全新的突破；在有些情况下，即便是完全对立互相排斥的两个事物，也可以通过"二旧化一新"这个概念巧妙地合二为一。

"二旧化一新"的创新方法是由亚瑟·科斯勒提出的，他有句名言："天才的主要标记不是完美而是创造，天才能开创新的局面。"这种创新方法的主要价值在于，能使创意者把各种不相关的，甚至相抵触的事物经过冲突组合而产生另一个更使人瞩目的构想。它的科学性同样可以从心理学关于想象和创造思维方面的研究成果得到证实，这种方法在很多广告的设计创意中也得到了广泛的运用。

扩展阅读 1.1

创新思维模式
案例

练习题：

1.创新的双重性指的是什么？

2.创新思维的过程是什么？

扩展阅读 1.2

案例分析

即测即练

微课视频

第 2 章 创新思维方式

🎓 **学习目标**

通过本章学习，学员应该能够：

1. 了解创新思维的三种类型；

2. 理解联想思维、发散思维和灵感思维的特点和规律。

📁 **案例导入**

京沈高铁望京隧道盾构施工

19世纪20年代，英国要修一条穿越泰晤士河的地下隧道。如果采用传统的支护开掘法，松软多水的岩层就很容易塌方。法国工程师布伦诺尔发明了"盾构施工法"。"盾构施工法"是先将一个空心钢柱打入岩层中，而后在这个"盾构"的保护下进行施工。采用了这样的方法后，顺利完成了松软的岩层的施工。100多年来，"盾构施工法"得到了很大发展，已经应用在各种岩层条件。

中国的望京隧道的成功施工就是在传统"盾构施工法"上的创新应用成果。望京隧道全长8公里，是京沈高铁全线唯——处采用双洞单线盾构技术施工的隧道，同时也是国内首条高铁线路穿越市区采用大直径盾构工艺的隧道，通过自主创新，相当于三层楼高的"巨无霸"盾构机、做出了施工最小沉降仅为0.68毫米（这个沉降控制标准为国内最高标准）的精细"针线活"，国内大直径盾构施工一系列新纪录由此诞生。

望京隧道的工程难点主要集中在大断面、长距离、富水地层施工中遇到的安全风险。隧道在地下穿越首都机场高速、机场快轨、地铁15号线、马泉营地铁站、红砖艺术中心、污水处理厂、高压塔架、多处居民区和高大建筑等重大风险源，沉降控制标准高，施工及环境安全风险较大。

这项高难度的工程能顺利完成归功于隧道施工所用的"望京号"盾构机。盾构机长87米，总重量达1 900吨，装机功率达5 300千瓦，集隧道开挖衬砌、出碴、导向等功能于一体，被誉为地下隧道掘进智能机器人，可安全穿越复杂地层，中间换刀200余把，出色完成了隧道掘进任务。

时至今日，我国不仅能自主研发出大型盾构机，而且还占据了全球三分之二的市场份额，彰显了我国工业实力正不断向前迈进，向着国际领先水平不断靠拢。

【思考题】

人们常说办法总比困难多，在人类历史进程中，勤劳智慧的人们克服了一个又一个困难，解决了一个又一个的难题，把人类文明推向了高度发达的今天。请思考今天的人类还面临哪些困难，你能有解决方案吗?

2.1　联 想 思 维

2.1.1　联想思维的概念

联想思维是指从一种事物想起另一种事物的心理活动。这里的事物包括，概念、方法、形象，所以联想思维具体来讲是指从一个概念想到另一个概念，从一种方法想到另一种方法，或从一种形象想到的一种形象的心理过程。

一般来说，人们在长期的科学研究和生产实践中获得的知识、经验和方法都存储在大脑的巨大记忆库里，虽然记忆经时光消磨，会逐渐远离记忆系统而进入记忆库底层，日渐散乱、模糊甚至散失，但通过外界刺激后，联想可以唤醒沉睡在记忆库底层的记忆，从而把当前的事物与过去的事物有机联系起来，产生出新设想和方案。实际上，底层的记忆在很大程度上已转化为人的潜意识。所以，通过联想使潜意识发挥作用、产生灵感，对人们开展发明创造活动能够提供很大帮助。

联想是发明创造活动的一种心理中介，它具有由此及彼、触类旁通的特性，常常会将人们的思维引向深化，导致创造性想象的形成以及灵感、直觉和顿悟的发生。

2.1.2　联想的五种类型

（一）相似联想

不同事物间总是存在某些相似的地方，从原理、结构、性质、功能、形状、声音、颜色等方面对事物之间的相似之处进行联想，从而产生新的创造发明，这就是相似联想。

美国著名发明家柏西·斯本塞在做大功率的磁控管实验时，放在他口袋里的巧克力被微波加热融化了，他发现微波能使周围物体发热。他由此联想到能否利用微波来加热食品。正是运用了相似联想方法，柏西·斯本塞发明了微波炉。现阶段，微波炉广泛用于木材、铸造砂芯的干燥和食品的加热。

（二）接近联想

从空间上或时间上由一事物联想比较接近的另一事物，从而激发出新创意、新设计或新发明的过程称为接近联想。例如，看到蝌蚪会联想青蛙，因为两者在空间上接近；看到花猫会联想老虎，则是因为它们的形态接近。一般来说，空间上接近的，时间上也必定接近；时间上接近的，空间感知也势必接近。时空的接近往往有内在联系。

在德法战争期间，德国侦察兵发现法军阵地后方的空地上有一只家猫经常出没，每天早晨八九点时总在晒太阳，该空地是一片坟地，而坟地周围又没有村庄和房舍。这位善于联想的侦察兵从空间位置接近联想，里面很可能有个掩蔽部，而且还可能住有高级军官，因为法军中高级军官可以有家猫（接近联想），于是向总部发出通知，德军用六个炮兵营集中轰击。事后查明，这里的确是法军的一个高级指挥部。

（三）对比联想

对比联想就是从周围事物的对立面或相反方面进行的联想。任何事物都是由许多要素组成的，其中包含着本身的对立面或反面，如由黑暗联想到光明、由温暖联想到寒冷等。对比联想往往在一对对立事物之间进行，既反映事物的共性，又反映事物的个性。如黑暗和光明，其共性是二者都是表示亮度的，个性是前者亮度小、后者亮度大。这种联想容易使人们看到事物的对立面，具有对立性、挑战性和突破性。对比联想属逆向思维，常常会产生意想不到的效果。

以下4种不同的思维角度是对比联想法常用的：

（1）优、缺点对立的角度。世上的事物都是对立统一的，都具有矛盾的两个方面，所以在进行联想时，既要看到优点和长处，也要看到缺点和短处。从不同的角度考虑问题、进行联想，常常就会有所创造。铜的氢脆现象使铜容易脆裂，影响铜材的质量和使用寿命，这显然可以看作是铜的属性中的缺点。但在机械碾磨铜粉时，将铜放在氢气流中使其脆化，然后再进行碾磨，就可以得到高质量的铜粉，显然这又成为铜的属性中的优点了。由容易脆裂的缺点联想容易碾磨的优点，就是一种对比联想。

（2）性质、属性对立的角度。这是一种应用十分普遍的对比联想，就是从事物的一种性质或属性联想与之对立的另一种性质或属性。卡介苗的诞生就是一个非常贴切的例子。

20 世纪初的一天，法国细菌学家卡默德和介兰一起来到一个农场，他俩看见地里长着一片低矮的玉米，穗小叶黄，便向农场主询问原因，农场主解释说该种玉米引种至该农场已经十几代了，有些退化。卡默德和介兰听后不约而同地陷入沉思，都马上联想自己正在研究的结核杆菌。他们想，毒性强烈并给人类带来了巨大危害的结核杆菌，如果将它一代一代地定向培育下去，它的毒性是不是也会退化呢？如果也会退化的话，将这种退化了的结核杆菌注射到人体内。那它不是就能使人体产生免疫力了吗？正是以这样的对比联想为基础，他们花费了 13 年时间进行反复研究，培育了 230 代结核杆菌，最终培育出了对人类做出巨大贡献的人工疫苗。为了纪念功勋卓著的生物科学家卡默德和介兰，世人便将他们培育出来的人工疫苗称为卡介苗。

（3）结构颠倒的角度。这是一种从空间结构方面考虑前后、左右、上下、大小的颠倒而进行的对比联想。例如，日本有一位家庭主妇，常为煎鱼时鱼老是粘在锅上、煎好的鱼东缺西烂、令人没有胃口一事而感到恼火。她认为这与锅内的鱼油遇到来自锅下面的火有关，因此她萌生出把锅和炉子"上下倒过来煎"的念头。能不能不在锅的下面加热，而在锅的上面加热呢？于是她采用在锅盖里安装上电炉丝的办法从上面进行加热，几经尝试后终于制成了不仅煎鱼不糊、不烂，而且还能省油又不冒烟令人满意的"煎鱼不煳的锅"。

（4）物态变化的角度。看到事物从一个状态变化成为另一种状态时，联想与之相反的状态。

法国生物学家巴斯德发现，食物的变质是细菌繁殖的结果，只要将食物煮沸就能妥善保存，于是产生了热藏法。英国开尔文则从相反方面进行思考，在冷冻条件下细菌是否也会停止活动？经实验，果然取得了很好的效果，由此发明了冷藏法。再如，英国物理学家戴维根据化学能可以转换为电能，倒过来联想而最终发现了电能也可以转换为化学能。英国物理学家法拉第根据电能产生磁，倒过来联想最终发现磁也能产生电。18 世纪，拉瓦锡把金刚石煅烧成二氧化碳的实验，证明了金刚石的成分是碳。1799 年，摩尔沃成功地把金刚石转化为石墨。金刚石既然能够转变为石墨，那么反过来石墨能不能转变成金刚石呢？人造金刚石的出现使人们再一次如愿以偿。

（四）因果联想

由有因果关系的事物形成的联想称为因果联想。如前所述，美国发明家柏西·斯本塞发明的微波炉就是因果联想的结果。

有时为了获得某一种发明成果，须经一连串的因果联想才能实现，称为连锁反应的因果联想。例如，因下雪联想发明"X光感光纸"的连锁反应过程：雪不停下——路面结冰——人易滑倒——骨科繁忙——X光胶片走俏——胶片原料短缺——需要发明X光感光纸。这种连锁反应联想法也称输入输出法，就是给出输入条件和输出目标，以联想有关现象和事物的黑箱构造为中介，把输入和输出联系起来的发明技法。

例如，把想发明下雨能自动关窗户的装置作为输出目标，输入就是普通窗户，采用什么装置就是黑箱。其连锁反应的因果联想过程为：窗户自动关闭——要有弹性机构——利用弹簧或橡皮筋拉力——下雨能自动关闭——要有控制机构——用卫生纸系结，天下雨纸能破，会失去拉力。

1）因果关系的特点

客观世界各种现象的相互依存性、联系性和制约性构成了它们之间的因果关系，某个或某些现象的发生会引起另一个或一些现象的发生，成为因果关系。因与果的关系有如下几个特点。

（1）变换性。因与果不是固定不变的，而是可以互相转换的。在一定条件下，因可变成果，果可变成因。例如，在婆罗洲发生过这样一件事情：人们为了消灭虫害，在广大地区喷洒了大量杀虫剂，使许多家蝇被杀死，小蜥蜴吃家蝇中毒，猫吃中毒的蜥蜴引起大批死亡，地下老鼠因此活跃起来，为农作物和人们的生活造成很大威胁，人们不得不从外地运来大批猫控制老鼠。这个事例就是因与果的连续转换过程，即杀虫剂是家蝇死亡的原因，家蝇死亡是喷洒杀虫剂的结果；家蝇是引起蜥蜴中毒的原因，蜥蜴中毒是吃家蝇的结果；蜥蜴是引起猫死亡的原因，猫死是吃蜥蜴的结果；大批猫死亡是老鼠活跃的原因，老鼠活跃是猫死亡的结果。这就是因与果的变换性，世界上不存在无原因的结果，也没有无结果的原因，一个事物或现象的存在，既是以前事物或现象产生的结果，又是以后事物或现象发生的原因。

（2）多重性。多重性具体表现在以下几个方面。

①在一定条件下一个因只形成一个果。例如，法国的贝可勒尔在1896年的一天，偶然把一块铀盐和一把钥匙及一张照相底片一起放在办公室的抽屉里，后来冲洗底片时发现上面印有钥匙影像。他根据这一现象发现了放射线。这在因果关系上就是一因一果，即铀是引起底片感光的原因，底片感光是射线的结果。

②一因多果。前面讲的杀虫剂事例就是由于喷洒杀虫剂的一个原因造成家蝇死亡、蜥蜴中毒、猫死亡、老鼠猖狂，威胁人们生活和农作物等许多结果，属一因多果。

③多因一果。例如，植物生长良好是由许多因素构成的，它们除需要土壤、温度、水分等几个基本因素外，不同植物还要有不同比例的其他16种元素，如碳、氢、氮、磷、

钾、硫、硼等，这是多种因素形成一种结果，即植物生长良好。

（3）时间积累性。从时间上看，因发生在果之前，果产生在因之后。从因的开始到果的形成这段时间，由于客观的条件、情况和本质的不同，时间的长短有极大差别。有的从因到果在很短时间内即可形成。比如照相，把摄影对象反映在胶片上，不到千分之一秒即可形成。而有的现象从因到果的形成时间很长，需要若干年的时间。今天大自然的山川和海洋的现状以及动植物的现状，是几亿年时间形成的结果。当然，事物不会停止不前，它们还在每时每刻发生着变化，今天的现象又将成为明天结果的原因。

2）因果联想方法分类

探求因果联想的方法也是一种逻辑推理方法，一般分为五种：契合法、差异法、契合差异并用法、共变法、剩余法。

（1）契合法（也叫求同法）。在所研究的几个场合里对所发生的若干现象进行比较，只有一个现象是各场合所共有的，这个现象就与其他现象有因果联系。例如，棉花有保温性能是由于有空气间隙，泡沫塑料有保温性能是因有空气间隙，毛皮有保温性能也是因有空气间隙，这一点是共同的。于是推出：凡有空气间隙的物质都有保温性能，保温与空气间隙有因果联系。这种方法是在几个场合中，求几个事物的共同因果的方法。但在各现象之间存有几种共同情况或没有共同情况时就不能使用这种方法，应考虑用其他方法。

（2）差异法（也叫求异法）。在创新和策划研究中，如果某个现象在第一个场合出现，在第二个场合不出现，而这两个场合除有一种情况不同外，其他情况完全相同，这一情况就是该现象的原因。例如，兽类得了炭疽病很快死亡，而鸟类不受炭疽病的影响。人们对此做了实验，以寻求因果关系，科学家给若干只鸡注射炭疽菌，然后把鸡分成两组：一组在 25℃ 以下的温度中生活；另一组在 35℃ 以上生活。24 小时以后，在 25℃ 以下的鸡全部死亡，但在 35℃ 以上的鸡则安全地活着，两组除温度一点情况不同外，其他情况完全相同。于是推出：炭疽菌活力与温度有因果关系。这种方法要求只有一种情况不同，其他情况必须完全一样，通过两组同时或先后两次实验，进行比较，从而找出形成差异的原因。

（3）契合差异并用法。契合差异并用法也叫求同求异法或者同异联合法。这种方法就是把契合法与差异法结合起来，但又与契合法、差异法不完全相同。这种方法适合于在成批成组的事物或现象中进行因果联想，需要设立正、反两个事例组比较。例如，某医疗队为了解地方病甲状腺肿的原因，先到这种病流行的几个地区巡回调查。发现这些地区地理环境、经济水平都各不相同，有一点是共同的，即居民常用食物和饮用水中缺碘。医疗队又到一些不流行该病的地区去调查。发现这些地区地理环境、经济水平也各不相同，但有一点是共同的，即居民常用食物和饮用水中不缺碘。医疗队在综合上述调查情况后，认为缺碘是产生甲状腺肿的原因。后来对病人进行补碘治疗，果然疗效甚佳。这一结论就是通过契合差异并用法而得出来的。

应用契合差异并用法应注意以下两点：

① 正反两组事例的组成场合越多，结论的可靠程度就越高；

② 所选择的负事例组的各个场合，应与正事例组各场合在客观类属关系上较为接近。

契合差异并用法不是契合法与差异法的简单结合，它们有三点不同：一是契合法不需第二组情况，在第一组情况中即可得出结论；二是差异法只有一点不同情况，其他情况完全相同，而契合差异并用法包括许多不同情况；三是契合差异并用法一般是在多种现象中寻找因果联系，比起契合法和差异法范围更广泛。

（4）共变法。共变法是当某现象发生变化时，另一现象也发生变化，即可判断前一现象是后一现象的原因。例如，照相底片中含有溴化银，感光后银被分解变成黑色，这就是光与溴化银有因果联系。

（5）剩余法。在创新和策划研究中，去掉已知有因果联系的部分，发现还存在其他因素引起的现象，所剩余的部分必然是引起这种现象的原因。例如，居里夫人发现镭就应用了剩余法。她发现沥青中有放射线，在沥青中把铀提出后，沥青中还存有大量放射线，剩余的放射线是什么呢？经过进一步提炼，最终发现了镭元素。

3）因果联想法应注意的问题

因果联想的五种方法对创新和策划研究有一定作用。通过判断因果关系，从果中寻因、因中求果，对客观现象寻根问底。可发现新线索、提出新问题，但它的结论是或然性的。为提高因果关系的可靠性，须注意以下几个问题。

（1）严格选择比较对象。一般来说，在创新和策划研究中，契合法可靠性比较低。因为它对比较对象没有严格要求，人们有时只考虑它们的同一性，而不自觉地把与研究毫无关系的现象选作比较对象，这样往往会造成错误的结论。例如，环境污染对人类、畜类、禽类的健康都有害，这一点是共同的，于是得出结论：环境污染对生物健康有因果联系，这是由于对象选择正确，而得出的正确结论。但是，假如选择各种昆虫作比较。由于某些昆虫对环境适应力强，甚至对杀虫药剂产生抗药性，应用契合法就会得出环境污染和增强抵抗力有因果联系的错误结论。因此，应用契合法不能单纯看现象的同一性，还要对比较对象严格选择。

（2）严格掌握条件。条件不符合要求往往得出错误结论。例如，应用差异法，两组的各种条件均应完全相同，只有一点不同才能得出正确结论。反之，如几个条件不同，就求不出正确的因果联系。

（3）尽可能多地设事例组。对现象观察比较得越多，可靠性也就越大。如契合法、差异法、契合差异并用法等都是如此，可靠程度在于观察事例多少，所以应尽可能组成更多事例组，多观察，防止片面性，以得出正确的结论。

（4）严格掌握限度和范围。求因果联系，必须根据目的和要求在一定限度和范围内进行；超过一定限度和范围，有的现象将会起反作用。

（5）必须在数据精确的情况下进行分析、比较。数据精确是求因果的基础。

（6）根据不同情况，需要结合几种求因果方法。创新和策划研究是个复杂过程，有时一个现象单纯用 种求因果方法不行，需几种方法同时使用。

在科学发现中源于因果联想的事例不胜枚举。水泥肥料的发明就是一例：澳大利亚甘蔗种植人在收获时发现有一片甘蔗田产量意外地提高了 50%。原因何在呢？他们回忆起：在栽甘蔗前一个月，有一些水泥洒落在这片地里，难道这就是甘蔗高产的原因吗？经过反复研究，发现正是水泥中的硅酸钙使这片酸性土壤得到了改良，提高了甘蔗产量。于是，创造了水泥肥料。

日常生活中也有许多运用因果联想的故事。影片《可爱的动物》就描写了一个怎样运用因果联想的故事：非洲卡拉哈里盆地边缘的草原地带，每逢旱季居民因缺水而惶惶不可终日，但他们发现生活在此处的狒狒并不因缺水而"搬家"，这说明狒狒能找到水喝。于是，他们给狒狒吃盐。渴急了的狒狒飞奔一个山洞里，扑向奔流的泉水。由此，当地居民找到了水源。

（五）强制联想

世界上任何事物无不处于普遍联系和变化发展的矛盾运动之中。所以，人们如果强制地运用类比、近似、对比等联想，那么往往可以无往不利，把独立无关、大相径庭的不同事物外在地或内在地联系起来。现代创新技法中运用的强制联想创新法就是强制地运用各种联想，天马行空，想尽世间所有事，把不同的事物和不同的设计联系起来，开发性地重新组合已有设计，根据实际情况和具体需要加以调整、改造、完善，构成一种崭新的创造性设计。

日本东芝公司设计和制造的旋转万能 X 射线电视透视台，背卧位能够旋转 300°和 -90°，遥控任意选定病人的体位，X 射线管、增强器、电视装置和病人都能紧密地联系在一起。整体格局的对称平衡设计以环状框架和平板卧位相结合，做动态均衡设计。

局部格局的动态均衡设计，以环状框架为中心轴对称布置 X 射线装置、增强器、电视装置，做对称平衡设计。全局和局部之间同一的形态、材质、色彩作过渡和呼应。整组设备不仅呈现出安定感，而且呈现出轻巧感；不仅方便病人和操纵者，而且渲染了宁静、亲切安全精密的环境氛围。该旋转万能 X 射线电视透视台的整体设计运用了强制联想创新法，开发性地重新组合了射线透视机、电视摄像机、可调节手术台三大原本看似毫无关联的主要设计。

运用强制联想方法的好处很多：一是有利于克服联想定势和思维定势，把联想从熟悉的领域扩延至陌生的领域，甚至是意想不到的领域；二是不仅充分发挥既有设计及其相互组合的潜力和效益，而且可以强化和拓展开发性重新组合的创造性和新颖性；三是既能够自成一体、连续更新和开发，又能够同其他方法相结合，构成大量非常规的新设想、新设计、新方案。

在运用强制联想方法时需要注意以下几个方面的问题：①多方面、多角度多层次地把不同的事物和不同的设计强制联想起来，差异性和跳跃性越大就越容易打开思路。②强制联系以发散式联想和思维为主，越广阔越好；强制结合以收拢式联想和思维为主，越集约越好。③借助矩阵排列和计算机辅助设计把各种强制联系和强制结合划分成已有的、平庸的、改进的、新颖的、奇特的五大类，去掉第一、二类，保留第三、四类，变换和修正第五类。

2.2 发 散 思 维

思想家托马斯·库恩认为，科学革命时期发散思维占优势，常规科学时期收敛思维占优势，一个好的探索者要在发散思维和收敛思维之间保持必要的张力。

2.2.1 发散思维的概念

发散思维是由美国心理学家吉尔福特在《人类智力的本质》中作为与创造性有密切关系的思考方法提出的，是对同一问题从不同层次、不同角度、不同方向进行探索从而提供新结构、新点子、新思路或新发现的思维过程。发散思维的过程如图 2-1 所示。

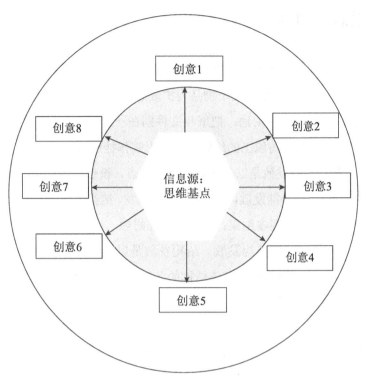

图 2-1　发散思维的过程

2.2.2　发散思维的特点

（1）流畅性。流畅性是思想的自由发挥，指在尽可能短的时间内生成并表达出尽可能多的思维观念以及较快地适应、消化新的思想观念，是发散思维量的指标。例如，在思考"取暖"有哪些方法时，可以从取暖方法的各个方向发散，有晒太阳、烤火、开空调、多穿衣等，这些都是在同一方向上数量的扩大，方向较为单一。

（2）灵活性。灵活性是指克服人们头脑中僵化的思维框架，按照某一新的方向来思索问题的特点。灵活性常常借助横向类比、跨域转化、触类旁通等方法，使发散思维沿着不同的方面和方向扩散，以呈现多样性和多面性。灵活性是较高层次的发散思维，使得发散思维的数量多、跨度大。

（3）独特性。独特性表现为发散的"新异""奇特"和"独到"，即从前所未有的新角度认识事物，提出超乎寻常的新想法，使人们获得创造性成果。

2.2.3 发散思维的具体形式

发散思维的具体形式包括用途发散、功能发散、结构发散和因果发散等。

（1）用途发散。用途发散是以某个物品为扩散点，尽可能多地列举材料的用途。例如，把回形针经过发散可得到各种用途：把纸和文件别在一起；拉开一端，能在水泥板或泥地上画印痕；拉直了可用作纺织工的织针；可变形制作挂钩等。

（2）功能发散。功能发散是以某种功能为发散点，设想获得该功能的各种可能性。例如，对"物质分离"进行功能发散，可采用过滤、蒸发、结晶等方法来实现。再如，对"照明"采用功能发散，可得到很多结果：开电灯、点蜡烛、点火把、用镜子反射太阳光等。

扩展阅读 2.1

发散思维的应用

（3）结构发散。结构发散是以某个事物的结构为发散点，尽可能多地设想出具有该结构的各种可能性。例如，由三角形结构发散可以得到三角尺、三角窗、三角旗、屋顶的三角结构、金字塔等。

（4）因果发散。因果发散是以某个事物发展的结果为发散点，推测造成该结果的各种原因，或以某个事物发展的起因为发散点，推测可能发生的各种结果。例如，对玻璃杯破碎进行因果发散，找寻原因，可得到：掉在地上碰碎；被某种东西敲碎；冬天冲开水时爆裂等。

2.3 灵感与灵感思维

爱迪生说："天才，就是一分灵感，加上九十九分汗水。"

灵感是一种现象，一种自己无法控制、创造力高度发挥的突发性心理状态。这种现象产生时，人们可突然找到过去长期思考而没有得到的解决问题的办法，发现一直没有发现的答案。

2.3.1 灵感思维的定义

灵感思维是一个过程，也就是灵感的产生过程，需要经过大量的、艰苦的思考之后，在转换环境时突然得到某种特别的创新性设想的思维方式。

现代科学证明，灵感思维是大脑的一种潜在机能，是客观存在的，是思维发展至高级阶段的产物。钱学森教授说："刚生下来的娃娃不会有灵感，所以灵感既是人们社会实践的结果，又是经验的总结，它应该有规律。总而言之，灵感是一种人可以控制的大脑活动，也是一种有规律的思维方式。"

2.3.2　灵感的特点

（1）突如其来，让人茅塞顿开。所谓突如其来，是在人不注意的时候，在没有想到的时候，突然出现的。它的出现带有偶然性。

（2）不为人的意志所左右，也不能预定时间。人们无法通过意志让灵感产生，也无法事先计划它的到来，它总是"不期而至"。创造者常常用"出其不意""从天而降"等词来形容灵感发生的迅速性，甚至有些灵感出现在梦中。

俄国化学家门捷列夫试图按照化学元素的性质，编制元素周期表，但很长时间没有成功。有一次，他一连三天三夜没有睡觉，坐在桌旁研究，由于太疲劳了，只得休息一会儿。但他的大脑并没有停止工作，在梦中完成了周期表的编制工作。他说："我梦见了周期表，各种元素都按它们应占的位置排好了，骤然醒来，立即写在一张小纸上，后来发现只有一处需要修正。"

（3）瞬间即逝，飘然而去。灵感呈现过程极其短暂，往往只有一瞬间、一刹那的时间，稍纵即逝。人们把它比作闪电，说来就来，说走就走。明末文人金圣叹在对《西厢记》的批语里写道："饭前思得一文，未及作，饭后作之，则为另一文，前文已不可得。"这说明了做文章的灵感闪现的特点。

2.3.3　灵感思维的规律

一般来说，灵感思维具有以下规律：

（1）灵感产生于大量的、艰苦的创造活动后。灵感思维的基础在于创造性活动，如果没有创造性活动，也就不会有灵感。大量的、艰苦的创造活动使大脑的神经绷紧，思维能力达到了突破的边缘，所以一旦有一个诱因，就能立即引起大脑神经的强烈共鸣，灵感就此产生。

（2）灵感产生于大量的信息输入后。灵感的产生，如同电压加至一定的高度，突然闪光，电路接通，就能大放光芒。因此，在进行创造活动的过程中，不断地往头脑中输入大量的信息，也是产生灵感的前提之一。阅读相关资料、上网搜索、请教专家等，都是信息输入的过程。

（3）灵感产生于一定的诱因。大量的信息、创造性活动使创造力处于饱和状态，此状态需要一定的诱因，才能产生质的飞跃。

那么诱因是什么，诱因怎么产生呢？

诱因一般是与思考的问题有关的信息，大部分是间接信息；也有个别诱因与思考的问题无关。那么，间接信息又是通过什么思维方式转化成灵感的呢？

研究表明：间接信息本身并不给出问题的直接答案，而是通过联想思维转化为灵感。换句话说，灵感是联想的产物！

牛顿及其作用力与反作用力定律成为诱因，地心引力成为这一灵感的成果，而"反作用力——地心引力"之间的联想构成灵感的核心。

诱因一般产生在紧张思考之后的暂时松弛状态。比如，在散步、走路、坐车、骑车时，或在穿衣、刮脸、洗澡时，或从事轻松活动时，或在赏花、听音乐、钓鱼时，或放松式幻想时，或与人交谈、讨论、争辩时。一夜酣睡之后的早上，是灵感光临的大好时光。苏格兰诗人和小说家司哥特说："我的一生证明，睡醒和起床之间半小时，非常有助于发挥我的创造性。任何工作、期待的想法，总是在我一睁眼睛的时候大量涌现。"

有日本学者对821名发明家灵感涌现的环境进行统计，结果表明，"家中"占42%，"工作单位"占18%，"户外"占40%。其中，"枕上""步行中"和"车上"所占比例最高。

练习题：

1. 举一个使用了联想思维做出了发明的例子。

2. 灵感思维有什么规律？

扩展阅读2.2
案例分析

即测即练

微课视频

第3章 创新思维的方法与工具

📖 学习目标

通过本章学习，学员应该能够：

1. 理解几种创新思维方法与工具的原理；

2. 掌握创新思维方法的实践类型；

3. 能独立组织使用创新思维方法与工具。

📑 案例导入

中国创新引领作用不断增强

一、中国对创新的关注度逐渐增加

习近平总书记指出："当前，世界百年未有之大变局加速演进，新冠肺炎疫情影响广泛深远，世界经济复苏面临严峻挑战，世界各国更加需要加强科技开放合作，通过科技创新共同探索解决重要全球性问题的途径和方法，共同应对时代挑战，共同促进人类和平与发展的崇高事业。"

科技创新是"牛鼻子"，当今世界，谁牵住了科技创新这个"牛鼻子"，谁就走好了科技创新这步先手棋，谁就能占领先机、赢得优势。我国国内生产总值已跃居世界第二位，同时发展中不平衡、不协调、不可持续的问题依然突出，人口、资源、环境压力越来越大，拼投资、拼资源、拼环境的老路已经走不通。科技创新活动不断突破地域、组织、技术的界限，演化为创新体系的竞争，创新战略竞争在综合国力竞争中的地位日益重要。科技创新，就像撬动地球的杠杆，总能创造令人意想不到的奇迹。

二、中国专利申请数量领先世界

2021年3月2日，总部位于瑞士日内瓦的世界知识产权组织发布最新报告称，2020年中国继续领跑全球专利申请量，中国专利申请量同比增长16.1%，以68 720件稳居世界第一。报告一经发布，便引发外媒广泛关注。专利申请数量是观察一个国家科技创新实力的窗口。国际舆论认为，中国科技兴国战略成效显著，中国科技创新引领作用不断增强。

英国《金融时报》报道称，专利申请是衡量创新力的重要标准之一。中国近年来一直在技术上进行投资，专利申请量大幅增加。在人工智能、区块链等尖端技术领域，中

国企业申请专利势头迅猛。

嫦娥五号返回器携带月球样品成功着陆；"九章"计算机助力中国首次实现"量子计算优越性"；"奋斗者"号全海深载人潜水器成功完成万米海试并胜利返航；北斗系统完成全球组网部署……2020年，中国取得众多重大科技成果。不少外国媒体和国际机构对中国取得的科技进步给予积极评价，认为中国科技创新为高质量发展增添了新动能。

三、中国形成一流知识产权体系

中国是全球在研发方面投入最多的国家之一。根据世界知识产权组织的数据，中国受理的发明专利申请量连续多年位居世界第一。专利的制度保障是衡量创新能力的关键要素之一，中国政府正在不断健全知识产权综合管理体制，增强系统保护能力。大力实施创新驱动发展战略和知识产权战略将有利于支持科技创新，推动市场投资新技术。

世界知识产权组织前总干事弗朗西斯·高锐曾表示，多年来中国一直将创新纳入经济发展战略和方向，并在过去40年里建立了"一流的知识产权基础体系"。过去几年，中国的创新指数排名迅速攀升，表现很突出，这其中的原因在于中国非常重视创新驱动经济发展和转型，发展了很多知识密集型的高级产业，取得了卓著成效。

四、中国创新路径更加清晰

欧洲数字经济智库 IDATE Digi World 的副总干事让·多米尼克·塞瓦尔认为，中国已经越过了"世界工厂"这一阶段，进入了"专利工厂"阶段。中国希望能在最先进的领域发挥领导作用，如量子计算机、未来网络、人工智能等领域。在区块链、生物技术、航空等领域，中国到了更追求"质量"而非"数量"的阶段。

思考：为什么我国要大力推进创新？对于青少年来说，应该怎样培养他们的创新思维？

创新是一个民族进步的灵魂，是一个国家兴旺发达的不竭动力，也是中华民族最深沉的民族禀赋。在激烈的国际竞争中，惟创新者进，惟创新者强，惟创新者胜。创新是国家长远发展的动力，生活从不眷顾因循守旧、满足现状者，从不等待不思进取、坐享其成者，而是将更多机遇留给善于创新和勇于创新的人们。青少年是社会上最富活力、最具创造性的群体，理应走在创新创造前列。

下面我们从不同的角度，介绍了三种创新思维方法与工具——六顶思考帽、头脑风暴和思维导图，了解和掌握这几种方法可以很好地培养和锻炼创新思维。

3.1　六项思考帽

有人说："思考的最大敌人就是复杂，因为复杂会导致混乱。如果有非常简单明了的思考方式，思考就会变得富有乐趣和成果。"六项思考帽就是一种概念简单易懂、过程清晰明了、实施快捷方便、结果成效显著的思维方法。

3.1.1　平行思考的工具——六项思考帽

六项思考帽是爱德华·德·波诺博士开发的一个全面思考问题的模型。六项思考帽是平行思维工具，是创新思维工具，也是人际沟通的操作框架，更是提高团队智商的有效方法。它让我们有效避免了将时间浪费在互相争执上。它帮助我们的思维从以对错二分法为基础的辩论转换为对问题的探索，将混乱的思考变得更清晰，使每个人变得富有创造性。六项思考帽的目的是将思考的过程分解，思考者得以在单位时间内仅考虑一个方面的问题，而不是同时做很多事情。

扩展阅读 3.1

六项思考帽的由来

六项思考帽是一个操作简单、经过反复验证的思维工具，可以提高团队成员的集思广益能力。它给人以热情、勇气和创造力，让每一次会议、每一次讨论、每一份报告、每一个决策都充满新意和生命力。这个工具能够帮助我们提出建设性的观点，聆听别人的观点，可以从不同角度思考同一个问题，从而创造高效能的解决方案。

六项思考帽可描述如下。白色的帽子代表中立、客观，只是陈述事实与数据，不发表任何主观意见，不作评论；黄色的帽子代表积极与正面，意味着从正面发表评论与意见，只说好的一面、有利的一面；与之相反的是黑色的帽子，代表谨慎的观点、负面的评论，意味着从反面发表意见与建议，只说不好的一面、有害的一面；蓝色的帽子代表冷静、归纳的方向，意味着要全面地看问题，要掌控思维过程与方向，要进行总结和归纳；红色的帽子代表情感、直觉，意味着要从自己的直觉和个人喜好发表看法，直截了当，不必考虑太多；绿色的帽子代表春天和希望，意味着要从新的、创意的发展的角度思考问题。

使用不同颜色的帽子象征思维方向基于如下理由：

（1）使平行思维实用、易记；

（2）"思维"和"帽子"之间有传统意义上的联系；

（3）帽子象征着某种功能；

（4）可以像换帽子一样轻易地转变思考类型；

（5）平行地共同探讨所有的主题。

对六项思考帽理解的最大误区就是仅仅把思维分成六个不同颜色，但其实对六项思考帽的应用关键在于使用者用何种方式去排列帽子的顺序，也就是组织思考的流程。只有掌握了如何编织思考的流程，才是真正掌握了六项思考帽的应用方法，不然往往会让人们感觉这个工具并不实用。而帽子顺序的编制仅通过读书是难以达到理想效果的，还需要在实际运用中去领会。

3.1.2　帽子颜色的含义

六项思考帽用白、红、绿、黄、黑、蓝六顶不同颜色的帽子代替不同的思维模式，每项帽子的颜色与它的职能和作用密切相关。

（一）白色思考帽（白帽思维）

白色是中性的客观的，事实和数字是白帽思维的关键。白帽思维就是要求人们尽可能地以客观的方式提供事实和数据的方法；也就是集中所有人的智慧、知识，集中所有资源，在尽可能低成本的前提下收集所需要的数据和事实。白色思考帽帮助人们把纯粹的信息与判断区分开来，它代表规则和方向、资料和事实。在白帽思维中，态度起决定作用。如果人们要利用某个客观事实，提出某些特定观点，就加入了目的性，白帽思维就被歪曲了。因为我们要的是纯粹的客观事实，没有利己性和目的性。

（二）红色思考帽（红帽思维）

红色代表情绪和感觉，使人想到兴奋、喜欢、无所谓、反感、生气、发怒等各种感情。红帽提供感情方面的看法，戴上红色思考帽，人们可以表达自己的情绪，人们还可以表达直觉、感受、预感等方面的看法，是直觉思维。直觉并非随时都能拥有，但如果使用红帽思维，直觉出现的可能性会更大。

情感、感觉、预感和直觉在思维过程中都是强烈而真实的。红帽思维确定了作为思维中重要部分的情绪和感觉的合理性。

红帽思维使感觉得以呈现，从而使它成为整个思维过程的一部分。红帽思维允许思考者通过红帽观点进行询问，由此来了解其他人的感觉。

如果情绪和感觉被排斥于整个思维过程之外，那么它们就会隐藏起来，并以一种潜在的形式影响整个思维活动。用红帽思维来思考不需要对情绪和感觉加以证明和解释，或为它们找一个逻辑基础。红帽思维会使思考者感情丰富，对事物的情感反应不必通过一步一步地呆板推理而得到。

红帽思维包括两种类型的感觉。首先是人们所共有的普通情感，从害怕讨厌等强烈感情到诸如怀疑等微妙情感。其次就是掺杂在感觉中的复杂判断，如预感、直觉、知觉的体验，以及美感和其他不容易证明的感觉。权衡这种感觉的观点，也很适合于这种红帽思维。

所有颜色的帽子中，红色思考相应用的时间最短，不宜过长，表述出直观感觉即可。

（三）绿色思考帽（绿帽思维）

绿色代表茵茵芳草代表生机勃物，代表表富足和茁壮成长。绿帽表示创造性、想象力和新观念。

绿色思考帽和新思想相关联，它也是观察新事物的新途径。绿帽思维力图摆脱旧想法，以发掘更好的新想法。绿帽思维涉及事物的变化，是一种深思熟虑。它将其所有的努力都集中在这一方向上。 在绿帽思维下，允许提出各种可能性，让人产生创造欲。

绿帽思维有助于激发行动的指导思想，提出解释，预言结果和新的设计。使用绿帽思维，可以寻找各种可供选择的方案以及新颖的想法。

（四）黄色思考帽（黄帽思维）

黄色代表太阳和肯定。黄帽是乐观的，充满希望的。

用肯定的观点看问题是一种选择。 通常，要发现一个问题的优点比发现其不足更困难。在黄色思考帽中，却有可能做出深入的洞察。一些看似没有前景的事物实际上往往具有以前没有发现的价值。由于黄帽思维强调逻辑，所以必须要有足够的理由来提供支持。

从态度上讲，黄帽思维和黑帽思维正好相反。黑帽思维和否定评价相关，而黄帽思维则是从肯定的方面看问题。戴上黑色思考帽时，往往关注事情的合理性；而戴上黄色思考帽时，更多关注的是事物的优点和好处。这两顶帽子都要求符合逻辑，要求思考者

扩展阅读3.5

黄帽思维

为自己的判断提供理由和根据。如果无法提供某种理由来支持，说明观点属于红帽思维。因为没有理由支撑的表达只能是一种感觉或者直觉。

黄色思考帽并不是做出全面的评估，而是仅仅找到那些有价值、有好处的地方。黄帽思维需要思考者主动去选择，并非在看到建议中有价值的一面才开始采取积极的态度，而是从一开始就采取积极的态度去寻找价值。这要求思考者将积极态度作为思考的前提。

（五）黑色思考帽（黑帽思维）

黑色代表忧郁和否定，黑帽思维总是带有逻辑和理性的。它消极而且缺乏情感，同样消极但富有情感是红帽子扮演的角色（它也具有积极的感情因素）。黑帽思维只看事物的阴暗面，但是它一定是具有理性的阴暗面。红帽思维会没有来由地产生一种消极感觉，而黑帽思维的理性特点却总会找到相关的理由。黑帽思维并不包括在红帽思维下提出的否定性情感和否定性感觉。

黑帽思维并不关心问题的解决，它仅仅是指出问题。使用黑帽思维主要有两个目的：发现缺点和做出评价。

黑帽思维有许多检查的功能，可以用它来检查证据、逻辑、可能性、影响、适用性和缺点。一旦某个想法提出来，黑帽思维可以检查这个想法的可实行性。例如，从以下几个问题来展开思考：思考中有什么错误？这件事可能的结果是什么？这个想法合情合理吗？这个想法会起作用吗？这个想法中有什么利益吗？它值得去做吗？

黑帽思考者意在指出什么东西是谬误，什么东西是不正确的。它要指出某些事情是如何不符合我们的经验和我们已经具备的知识。黑帽思考者不仅要提出为什么有些事情不起作用，而且要指出风险和危机，在改进过程中黑帽思考者要指出缺点。

扩展阅读3.6

黑帽思维

黑帽思维不是争辩，而且永远不要这样看它。黑帽思维可以从未来的角度提出一个设想，并由此检测设想在什么地方容易出错。

（六）蓝色思考帽（蓝帽思维）

蓝色是冷静的。戴上蓝色帽子就意味着超越思考过程：俯瞰整个思考过程。

蓝帽思维是对思考的思考，意味着对思考过程的控制回顾和总结。蓝帽思维就像乐队的指挥一样，负责控制各种思考帽的使用顺序，规划和管理整个思考过程。戴上其他五项帽子，思考者都是对事物本身进行思考，但是戴上蓝帽子，则是对思考进行思考。

扩展阅读 3.7

蓝帽思维

一般说来，任何会议的主持人都应发挥蓝帽思维的功能维持会序而且要保证会议议程得到贯彻。任命会议主持人以外的人作为蓝帽角色都是可行的，然后，蓝帽思考者就将在主持人规定的范围内执行监督的任务。

蓝帽思维的一个重要作用就是打断争论，并要求争论者使用某个特定的思考帽。蓝帽思维在思维过程中或结束的时候必须做出概要、纵览和结论。

3.1.3　六顶思考帽的应用

思考帽有两种基本使用方法：一种是单独使用某顶思考帽来进行某个类型的思考；另一种是连续地使用思考帽来考察和解决一个问题。

（一）单独使用

单独使用就是在对话或讨论过程中，偶尔地使用某顶思考帽来引导思考方向。在单独使用时，思考帽就是特定思考方法的象征。

例如，开会时可能遇到需要新鲜看法的情形："我想我们在这里需要戴上绿色思考帽来思考一下，看看有什么更好的创意。"同样的会议中，可能又有新的建议："这个问题我认为应该用黑帽思维来考虑一下，这样做会有什么问题。"

思考帽可以这样人为转换正是其优点所在。没有思考帽，我们就无从有效地引导大家的思维统一方向，对思考方式的指向就是虚弱的、个人化的。

（二）连续使用

六项思考帽不仅定义了思维的同类型，而且可以通过确定思考帽的使用序列定义思维的流程结构。我们可以在会议中根据需要随时选择不同思考帽进行连续使用，但这需要熟练的使用技巧。

1.使用规则

我们可以通过最初的蓝色思考帽思考，预先设定帽子的使用序列，在开会时按这列使用的过程不断推进。根据具体情况，可作轻微的变动。设定使用序列时应注意：

（1）从蓝帽开始，以蓝帽结束，中间根据需要设定其他帽子的使用顺序；

（2）任意一项思考帽都可以根据需要反复使用；

（3）没有必要每一项思考帽都使用；

（4）可以连续使用两项、三项、四项或者更多的思考帽。

讨论组的成员必须遵循某一时刻指定的某一项思考帽的思考方法。只有小组的领导或者主持人才能决定使用什么思考帽。思考帽不能用来描述想说什么，而是用来指示思考的方向。维持这样的纪律非常重要，运用这样的方法一段时间以后，人们就会发现遵循特定的思考帽思维容易多了。

2. 使用序列

六项思考帽的使用序列并没有一定的模式，凡在适合的情况下都可以使用。有的模式适合考察问题，有的适合解决问题，有的适合协调争论，有的适合得出结论等。

（1）简单序列。以产品设计为例，可以在蓝帽思维的指挥下，重点运用白色、绿色思考帽确定初步方案，然后用黄色、黑色思考帽从正反两个方面进行快速评价，而后根据评价结果，运用相应的思考帽对方案进行改进，并进行设计。

（2）一般序列。在设计六项思考帽应用帽序时，初始序列一般从提出问题、分析问题的角度来设计，中间序列一般从提出新方案及分析新方案的角度来设计，结尾序列一般从总结评价会议成果的角度来设计。

（三）运用六项思考帽的注意事项

运用六项思考帽思维工具时，应注意以下六个方面。

（1）理解每个思考帽的含义和要求，每次只能选择一项，扮演一种角色，只从一个方向思考问题。

（2）既可以单独使用、多次使用，也可以团队同时使用一种颜色的思考帽。

（3）建议使用顺序：先使用蓝色思考帽理清问题，再使用白色思考帽列出事实和数据，最后使用绿色思考帽提出尽可能多的解决方案；红黑黄可交替使用，如遇特殊场合，也可灵活使用，黄色思考帽可先于黑色思考帽使用，效果会更好。

（4）每个人都应学会使用所有的思考帽，其中使用蓝色思考帽的要求相对较高。

（5）不要过多地使用黑色思考帽，否则会抑制创新热情。

（6）使用思考帽应有时间限定，以保证更多新设想的涌现。

3.2　头脑风暴

3.2.1　什么是头脑风暴法

（一）头脑风暴的含义

当一群人围绕特定的兴趣领域畅所欲言、互相启迪、产生新观点的时候，这种情境就是头脑风暴法的运用。由于无拘无束，人们就能够更自由地思考，进入思想的新区域，从而产生很多新观点和新方法。

扩展阅读 3.8

头脑风暴的由来

头脑风暴法又称智力激励法、自由思考法，是种通过充分激励参与者产生最佳思维而进行"交换思想"的方法。

以下两点有助于加深对头脑风暴法的理解：

（1）头脑风暴法是团体试图通过聚集成员自发提出的观点，为特定问题找到解决方法的会议技巧。

（2）头脑风暴法是使用一系列激励和引发新观点的特定的规则和技巧。这些新观点是在普通情况下无法产生的。

奥斯本借用"头脑风暴"来比喻思维高度活跃，以打破常规的思维方式，通过无限制的自由联想和讨论而产生大量创造性设想。头脑风暴法的目的是激发人类大脑的创新思维，产生新的想法和观念。

扩展阅读 3.9

头脑风暴案例：飞机扫雪

头脑风暴法通过特定会议的形式对某一问题进行讨论，与会者在没有约束的情况下自由地联想和想象，信息互补、思维共振、敞开思想，使各种设想在相互碰撞中激起思维的创造性风暴，从而产生大量创造性的新观点和解决问题的方法。

当参与者有了新观点和想法时，表达出来，然后在他人提出的观点之上建立新观点。所有的观点都被记录但不进行批评。只有头脑风暴会议结束的时候，才对这些观点和想法进行评估。

（二）头脑风暴法的优点

使用头脑风暴法具有以下优点。

（1）极易操作执行，具有很强的实用价值；

（2）非常具体地体现了团队合作的智慧；

（3）每一个人的思维都能得到最大限度的开拓，能有效开阔思路，激发灵感；

（4）在最短的时间内可以批量产生灵感，会有大量意想不到的收获；

（5）面对任何难题，举重若轻。熟练掌握头脑风暴法的人，再也不必一个人冥思苦想、孤独求索；

（6）可以有效锻炼个人及团队的创新思维能力；

（7）使参与者更加自信；

（8）可以发现并培养思路开阔、有创造力的人才；

（9）创造良好的平台，提供能激发灵感、开阔思路的环境；

（10）创造良好的沟通氛围，有利于增加团队凝聚力、增强团队精神；

（11）可以提高工作效率，能够更快、更高效地解决问题。

（三）头脑风暴法的基本规则

使用头脑风暴法解决问题时，为了减少群体内的社交抑制因素，激励新想法的产生，提高群体的创造力，必须遵守以下基本规则：

1. 暂缓评价

在头脑风暴会议上，主持人和参与者对各种意见、方案的正确与否，不要当场作出评价，更不能当场提出批评或指责。对观点的批评不仅会占用宝贵的时间和脑力资源，而且容易使与会者人人自危，发言谨慎保守，从而遏制新观点的诞生。因为所有的想法都有潜力成为好观点、好方法，或者能够启发他人产生新的想法。参与者着重于对想法进行丰富和拓展。这种将评价放在后面的暂缓策略，可以产生一种有利于畅所欲言的气氛。

2. 鼓励提出独特的想法

与会者在轻松的氛围下，各抒己见，避免人云亦云、随波逐流、思维僵化，有利于提出独特的见解，甚至是异想天开的、貌似荒唐的想法，这样便可能开辟新的思维方式，提供比常规想法更好的解决方案。

3. 追求数量

如果追求方案的质量，容易将时间和精力集中在对该方案的完善和补充上，从而影响其他方案的提出和思路的开拓，也不利于调动所有成员的积极性。如果头脑风暴会议结束时有大量的方案，那就极可能发现一个非常好的方案。因此，头脑风暴法强调应该以在给定时间内获得尽可能多的方案为原则。

4.重视对想法的组合和改进

可以对好的想法进行组合、取长补短，以形成一个更好的想法。与单纯提出新想法相比，对他人的想法进行组合和改进可以产生更好、更完整的想法。所以，头脑风暴法能更好地体现集体智慧。

现代发明创新所涉及的技术领域广泛，因而靠个别发明家单枪匹马式的冥思苦想来求得解决问题的方法收效甚微。相比之下，类似头脑风暴法这种群体式的创新战术则会显得效果更佳。

（四）头脑风暴法的应用原则

使用头脑风暴法时，应遵守以下五个应用原则。

（1）自由畅想原则。各抒己见、自由鸣放，创造一种自由、活跃的气氛，使与会者思想放松，激发大家提出各种想法，最狂妄的想象是最受欢迎的。这是头脑风暴法的关键。

（2）延迟评判原则。对各种意见、方案的评判必须放在最后阶段，此前不能对别人的意见提出批评和评价。认真对待任何一种设想，而不管其是否适当和可行。

（3）以量求质原则。为了探求最大量的灵感，任何一种构想都可被接纳。意见越多，产生好意见的可能性越大。这是获得高质量创造性设想的条件。

（4）综合改善原则。探索取长补短和改进办法。除提出自己的意见外，鼓励参加者对他人已经提出的设想进行补充、改进和综合，强调相互启发、相互补充和相互完善。这是头脑风暴法成功的标准。

（5）突出求异原则。头脑风暴法追求的就是通过思维激励产生多多益善的新奇想法。这是头脑风暴法的宗旨。

不断重复以上五大原则进行头脑风暴法的培训，就可以使参加者渐渐养成弹性思维方式，涌现出更多全新的创意。众多创意形成后，管理者再进行综合和筛选，最后形成可供实践的最佳方案。

3.2.2　应用头脑风暴法

（一）预备阶段

1.准备阶段

首先，要确定头脑风暴会议的主持人，应该选择不独断、有激情、有引导能力、能控制场面和进度的人做主持人。然后，制定所要研究的主题。同时，主持人要对主题有深刻的理解。主题应该单一，不能同时有两个以上的问题，主题太大时，可分为若干个小问题。再次，要确定参加会议的人员和人数，一般不宜过多，以5—10人为宜。最后，确定会议的时间、地点，准备好会议的相关资料，通知与会人员参加会议。

可以通过以下问题来准备头脑风暴会议：

（1）最重要的目的或目标是什么？

（2）所要解决的问题是什么？

（3）想要的结果是什么？

（4）为了达到这个目的将使用哪些创造性活动和练习？需要用到哪些工具？

（5）邀请哪些人来参加头脑风暴会议？每个人都有哪些独特的技巧、经验和知识？

（6）举行头脑风暴会议的理想场所和环境是怎样的？

（7）什么时间召开会议？会议大约需要多长时间？

2. 开始阶段

会议开始阶段，不宜马上进入议题。主持人可以选择一些轻松、随意的话题，以调节气氛，营造一种自由、宽松、祥和的氛围，使与会者放松心情，进入一种无拘无束的状态。主持人宣布会议开始后，先说明会议的规则。然后随便谈点有趣的话题或问题，让与会者的思维始终处于轻松和活跃的状态，如果所谈话题与会议主题有着某种联系，人们便会轻松自如地进入会议议题，效果自然更好。

主持人要尽量简洁、明确地告诉与会者本次的议题是什么。在进行一段时间的讨论后，大家往往会有更多关于议题的想法，但也可能只是围绕着一个方向发散思维。这时主持人可以重新明确讨论议题，使大家在回顾讨论的观点时重新出发，找到不同的方向。

经过讨论，大家对问题已经有了较深程度的理解。这时，为了使大家对问题的表述具有新角度、新思维，主持人或书记员要记录大家的发言，并对发言记录进行整现和归纳，找出富有创意的见解，以及具有启发性的表述，供下一步畅谈时参考。

（二）自由发言阶段

自由发言阶段也叫畅谈阶段。这一阶段的规则是不允许私下互相交流，不能评论别人的发言等。此时主持人要发挥自己的能力，引导大家进入自由讨论的状态。

随着会议的结束，会议上提出的很多新颖的想法要怎处理呢？

以下是一些处理方法：在会议结束的一两天内，主持人要回访参加会议的人员，看是否还有更加新颖的想法，之后整理会议记录。然后根据解决方案的评判标准，对每一个问题进行识别，主要看是否有创新性、可行性。经过多次斟酌和评估，最后确定最佳方案。这里说的最佳方案往往是一个或多个想法的综合。

在头脑风暴法中，主持人的角色很重要。那么，主持人需要注意什么？怎样才能做一名合格的主持人呢？

（1）主持人应在会前向与会者重申会议应遵守的原则和纪律，善于激发成员思考，使场面轻松、活跃而又不违背头脑风暴法的规则；在参与者发言气氛相当热烈时，可能会出现许多违背原则的现象，如嘲笑别人意见，公开评论他人意见等，此时主持人应当立即制止。

（2）鼓励轮流发言，每轮每人简明扼要地说明每个创意设想，避免形成辩论会和发言时间不均。

（3）要以赏识的词句、语气和微笑、点头的行为语言，鼓励与会者多提设想。

（4）禁止使用"这点别人已说过了！""就这一点有用。""我不赞赏那种观点。"等语句。

（5）经常强调设想的数量，比如平均 3 分钟内要发表 10 个设想。

（6）遇到大家才穷计短并出现暂时停滞时，可采取一些措施，如休息几分钟，而后再进行几轮头脑风暴。

（7）根据主题和实际情况需要，引导大家掀起一次又一次头脑风暴的"激波"。如议题是某产品的进一步开发，可以从产品改进配方思考作为第一激波，从降低成本思考作为第二激波，从扩大销售思考作为第三激波等。

（8）要掌握好时间，会议持续 45 ～ 60 分钟，形成的设想应不少于 100 个。但最好的设想往往是会议要结束时提出的，因此，预定结束的时间可以根据情况再延长 5 分钟。在 1 分钟时间里再没有新主意、新观点出现时，头脑风暴会议可宣布结束或告一段落。

接下来更重要的工作就是如何记录，尽量不落下每一个细节。会议提出的设想由专人简要记载下来或录音，以便由分析组对会议产生的设想进行系统处理，供下一阶段（专家组评判阶段）使用。

收集的想法和观点可以通过分析组来进行系统化的处理。系统化处理的流程如下：简化每一个想法，简言之就是总结出关键字进行列表；将每个设想用专业的术语标出关键点；对于类似的想法，进行综合；规范出如何评价的标准；完成上面的步骤之后，重新做一个一览表。

（三）专家组评判阶段

分析创新观点的人，应该是专业领域里高级别的专家，他们会从专业角度来客观分析这些想法。确定最终可执行方案的人，应该是具备更高的逻辑思维能力的专家。

为什么对于专家组的要求这么高呢？为什么不同能力的专家负责不同的事情呢？这是因为在头脑风暴的会议上，与会者大都是思维敏捷的人。他们往往在别人发言的时候，心里已经开始其他设想了。在这种情况下，专家的参与能够集大家之长，得到更好的决策。

在统计归纳完成之后，接下来要对提出的方案进行系统性的评判并加以完善，这是一个独立的程序。此程序分为三个阶段：

（1）对所有的想法和设想进行评判，并且加上评论。怎么评论呢？就是根据事实的分析和质疑。值得提出的是，通常在这个过程中，会产生新的设想，主要是因为原设想无法实现，有限制因素。

（2）和直接头脑风暴的原则一样，对每个设想编制一个评论意见的一览表。主持人再次强调此次议题的重点和内容，使参加者明白如何进行全面评论。对已有的想法不能简单提出肯定意见，即使觉得某设想十分可行也要有所质疑。整个过程要一直进行至没有可质疑的问题为止，然后从中总结和归纳所有评价和建议的可行设想。整个过程要注意记录。

（3）对上述意见再次进行筛选。这个过程十分重要，因为在这个过程中，要重新考虑所有能够影响方案实施的限制因素，这些限制因素对于最终结果的产生是十分重要的。

头脑风暴法成功的关键是在一个公平公正的情况下，才能无差别地交流。首先，与会者能够在一个公平公正的前提下进行交流，不受任何因素的影响，以便从各个方面进行发散式的思维。

其次，不要在现场就对提出的观点进行评论，也不要私自交流。要充分保证会议现场自由畅谈的状态，这样与会的人员才能够集中精力思考议题，以便得到更多的想法。

再次，不允许任何形式的评论，因为评论会抑制其他人的思维发散，从而影响整个会议的发展趋势。可能有些人会谦虚地表达自己的意见，但是一旦受到质疑，就会产生心理压力，从而提不出更多的想法。

最后，在头脑风暴会议上不要限制想法的数量。以多多益善的原则，在不评论的前提下将所有想法留在最后进行分析。

扩展阅读 3.10

用头脑风暴法为产品取名

3.2.3　使用头脑风暴法的误区

好的头脑风暴会议应该是轻松愉快、生动有趣、充满活力的，能够充分进行激励参与者产生许多好的想法。而较差的头脑风暴却不能和参与者的思维产生很好的共振。在使用头脑风暴法时，应注意避免以下情况：

1. 目标模糊

如果一次头脑风暴会议的意图是模糊不清的，就会导致讨论很难进行甚至失去方向。所以一定要设立清晰的目标。头脑风暴会议的目的是达到一个具体特定的目标，产生许多有创意的主意。最好的方法是把这个目标设定成一个问题。"我们如何能做得更好"就没有"我们如何在下一年将销售量翻倍"清晰。然而，问题中的数字也不应该过细，否则头脑风暴有所局限，减少更多的可能性。像"我们如何通过利用现有渠道和当前的产品设置，使销售量翻倍"这样的问题，也许就过于限制了。一旦确定了目标问题，就写下来，以便所有人都能清楚地看到。同时，也应当为这个目标设定需要多少创意，以及要花多少时间。比如：我们打算在下面的 20 分钟里，想出出 60 个创意，然后从中筛选 4 ~ 5 个较好的创意。

2. 规则不明确

没有明确的会议规则，往往会使头脑风暴会议受意外事件扰乱，影响会议的效果。主持人在头脑风暴会议上需要做的第一件事就是设定框架，明确什么行为可以接受，什么不可以接受。事实上，在任何会议之前都应该做这个事情而不只是在头脑风暴会议前。会议规则需要写下来，贴在会议室的各个地方。

3. 参与者的背景太过相近

假如参与者都来自同一部门，就极易陷入一种群体思考之中，从而大大地禁锢创造力。因此要小心地选择参与者。参与者的数量控制在 5 ~ 10 人为宜。太少的人数会使头脑风暴的素材不够丰富，而太多的人又难以控制，限制了个人的发挥。在头脑风暴会议中还应引入一些其他领域甚至与讨论它的话题无关的旁观者，这些人常会从不同角度提出看法和创意。不同背景的参与者组成的讨论，效果是最好的。这些人可以涵盖不同的年龄层次、性别，经验丰富的老手和初出茅庐的新人等。

4. 主管做主持人

最好找能够胜任主持人的独立人士，并能够激励大家积极地思考，并防止某个人主导全局。对头脑风暴会议而言，最差的一种情形是部门主管既是主持人，同时又是记录员和证明人。

5. 允许某些个性十足的人参加会议

曾有国外研究者发现，头脑风暴不能收获创意的一个主要原因是一些参与者的个性毁掉了整个会议。并指出，有6种人需要被排除在头脑风暴会议之外。

（1）总想做明星的人。这种人喜欢被人关注，喜欢说话，通常也主宰整个会议，制止这样的人会有点困难。

（2）喜欢否定的人。他们是那种被称作缺陷检查员的人。无论提出多少想法，他们都会找到某种缺陷，这会给他人的热情浇冷水。

（3）想法杀手。和第二类人的消极性比较相似，想法杀手不会对他们的批评深思熟虑。他们不是给其他人的想法提出改善方法，而是喜欢在他们的想法中挑问题，以表示他们正在把一些好的想法带进会议中。

（4）独裁者。这些人通常是在主管位置上的人，他们喜欢坚持自己的想法，而这最终会窒息其他人的创造性和热情。

（5）蓄意阻挠者。他们对一个想法想得太多，他们想分析到底。而这根本不是最富有成效的方法，尤其是像头脑风暴会议这样自由分享的环境里。

（6）社会闲散人员。这些人只是占据一个开会位置，不会贡献任何有价值的内容。

6. 允许过早地评判

头脑风暴法最重要的原则是将评判推后。为了鼓励大量不同凡响的好想法出现，确保没有人对任一想法提出批评、负面的评价或任何评判，是非常重要的。参与者说出的任何想法，无论显得多么愚蠢，都要记录下来。在产生想法阶段不进行评判的原则极为重要，因而需要严格地加以执行。

7. 满足于为数不多的想法

不要刚得到几个想法，就开始分析。数量才是最重要的，想法的数量越多越好。在一切思维活动当中，头脑风暴是为数不多、能够改善质量的活动。各不相同的想法产生得越多，一些创新的想法最终被提出的可能性就越大。需要有很多的精力和各种声音，才能得到特别的想法。完全无法使用的疯狂想法往往起跳板的作用，引领参与者想出可以被采用的新颖卓绝的方案，因此，要保持源源不断的疯狂想法。

8. 没有收场或后续执行

不要在没有达到清晰的执行计划之前，就结束头脑风暴会议，即使已经产生了一大堆想法。如果没有一个真实的结果，之前进行的过程没有意义。应该在会上快速地分析一下得到的这些想法。一种好的方法是把总结性发言分成三个部分：有见地的想法、有趣的想法、反对意见。若在有见地的想法里，有特别出色的点子值得马上去实施的，应该立即将其作为一个实践项目交于相关的执行者。

同时，应该将想法收集起来，并加以分类。例如，把关于市场、销售或其他方面的有见地的和有趣的想法分别列示在不同的挂图板上。这种重新整理想法的形式能帮助参与者发现新的组合及可能性。有些人会使用便贴纸，以便将各种想法随意地组合。

如果时间较为紧迫，可以使用五分制评分法选出最好的创意。参与者为每个想法打分，他们可以自由地将五分分配给喜欢的想法。比如，将五分平均分给五个想法，每个想法得到一分，也可以将五分全部给某一个想法。然后，将每个想法的得分相加，选出得分最高的想法，留在下次会议讨论。

最后，在会议结束前，以感谢每个人对头脑风暴做出的贡献作为收场。应该再次提到一到两个最好的、最有创意或最有趣的想法。然后，讨论一下哪些想法是可以付诸实施的。

人们喜欢的头脑风暴会议往往时间短、充满活力且能够促成实际效用。这样的会议能够激发人的潜能，提高效率，促进创新力的提升。

3.3 思维导图

思维导图是由世界大脑基金会总裁、世界大脑先生、英国记忆力之父、世界记忆力锦标赛以及世界快速阅读锦标赛的创始人、世界著名学者博赞（Buzan）发明的。思维导图是把人们大脑中的想法，用彩色的笔画在纸上，将语言智能、数学智能和创新智能有机地结合成一体，表现发散思维直观有效的图像工具。其核心思想是把形象思维与抽象思维有机地结合起来，让左右脑同时工作，并将思维痕迹用图画和线条呈发散状显现出来，极大地激发创新思维的活力。

最初，博赞的思维导图只是作为一种非线性笔记工具展现在世人面前。思维导图是放射性思维的表达，因此也是人类思维的自然功能。

思维导图有五个基本特征，具体如图 3-1 所示。

（1）集中焦点，即注意的焦点清晰地集中在中央图像上；

（2）主干发散，即主题的主干作为分支从中央图像向四周发散；

（3）层次分明，即分支由一个关键图像或者写在相关线条上的关键词构成，比较不重要的话题也以分支形式表现出来，附在较高层次的分分支上；

（4）节点相连，即各分支形成相互连接的节点结构；

（5）使用颜色、形状、代码等。

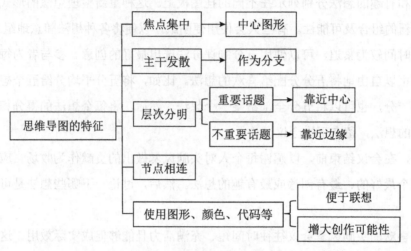

图3-1 思维导图的特征

思维导图是整理思维的极佳工具，类似于计算机的磁盘碎片整理程序，经过整理，计算机的运转速度会有较大程度的提高。坚持用思维导图整理思维，假以时日，大脑里的信息存储会变得越来越有序，提取利用也会越迅速，如同对大脑更新了硬件。思维导图是针对线性笔记的不足而发明的一种新型非线性笔记工具。其主要目的是激发和整理思维，可视化又可以帮助人们传播思维的结果，思维导图的绘制过程需要借助图形图像、颜色、线条和布局的手段，帮助人们更好地达到目的。

3.3.1 绘制思维导图的步骤及技巧

（一）绘制思维导图的步骤

绘制思维导图有以下七个步骤。

（1）从一张白纸的中心开始画图，周围留出足够的空白，使自己的思维向各个方向发散，把自己的思考形象地展现出来。

（2）用一幅图像或图画表达自己的中心思想。

（3）尽可能多地使用各种颜色。颜色能够让大脑兴奋起来。

（4）将中心图像和各分支连接起来，同时创建了思维的基本结构。

（5）让思维导图的分支自然弯曲，不要画成一条直线。

（6）在每条线上使用一个关键字或词来表达核心意思，有助于记忆。

（7）自始至终使用图形，可以胜过千言万语。

思维导图可以使思维可视化，是将思维过程整理再现的过程。思维激发是基于联想和想象的发收过程，思维整理是理清层级和顺序关系的过程，而线条、长度、图像、颜色、图标等都是为更好地体现思维导图的特征而服务的。

（二）绘制思维导图的技巧

掌握了绘制思维导图的方法，需要进一步掌握绘制技巧，关注思维导图的细节，使思维导图的脉络清晰、流畅。

（1）绘制思维导图最好用曲线连接。曲线就像人树的枝杈一样自然流畅，以吸引人们的目光。

（2）在思维导图的每条线上注明一个关键词。关键词会使思维导图更加醒目，每一个词汇和图形都像一个母体，繁殖出与自己相关的、互相联系的一系列"子代"。就组合关系来讲，单个词汇具有无限的特性，每一个词都是自由的，这有利于新创意的产生；而短语和句子却容易扼杀创意的灵感，因为短语和句子已经成为一种固定的组合。思维导图上的关键词，就像手指上的关节，使手指变得灵活。

（3）使用图形绘制思维导图。图形不仅可以容纳庞大的信息，还具有形象化的功能，易于理解，便于记忆。

（4）善用分形理论。自然界龟裂的土地、雨夜的闪电、动物神经的树突等，形态万千、复杂多样，很难用规则的几何图形表现这些事物或现象。经过观察和研究，人们发现这些自然形态有一个共性——再分性，即新的部分在保持原有属性的基础上一分再分，就像大树枝杈的生长方式，老枝上分出一定数量的新枝，新枝上再分出一定数量的新枝。符合分形结构的树枝，在长出新叶时都是错落有致的，空间利用得恰到好处，有利于每个叶片进行光合作用。同理，绘制符合分形结构的思维导图可以充分运用空间，使关键词错落有致。

（5）图形要有立体感和层次感。一幅完美的思维导图，看上去应当像一棵大树，中间是树干；第二层是树枝；第三层是树杈；最外层是树叶。绘制一幅层次感强的思维导图需要注意以下两点。

① 思维导图各节点的走向应清晰、层次要分明，如第二层要有别于第三层，这种区别可以通过圈的大小、字体的选择、颜色的搭配等方式来体现。

② 绘制思维导图要有完整的思路，突出重点，去除无用的分枝，重组不合理的分层，

为添加新的内容留出空间。

（6）几款世界主流的思维导图软件

① iMindMap 是由思维导图创始人博赞的公司开发的一套富有创造性的、易于使用的软件工具。它强调使用颜色图形自由的线条和空间维度绘制思维导图，可以帮助人们进行计划、创作改革、学习、表达组织、讨论和解决问题。该软件 2006 年正式发行，目前全世界有数百万人在使用。

② FreeMind 是一款跨平台开发的绘制思维导图的软件。FreeMind 可用来记笔记，绘制图形、符号，并添加连线。缺点是无法绘制具有多个中心关键词的思维导图，线条没有粗细之分，画画不是很美观。

③ MindManager 由美国 Mindjer 公司开发，是一款高效的项目管理软件，具有良好的用户体验和丰富的功能，可以让使用者有序地组织思维、资源和项目，提高工作效率，与同类思维导图软件相比，最大的优势是可以和微软软件无缝链接，导入或导出至 Word，PowerPoint，Excel，Outlook，Project 和 Visio 中。良好的兼容性使得 MindManager 在职场中广受欢迎。

④ XMind 是一款优秀的思维导图软件，用该软件绘制的思维导图非常美观。XMind 的功能丰富，兼容 FreeMind 和 MindManager 的数据格式，不仅可以绘制思维导图，还可以绘制鱼骨图、二维图、树形图、逻辑图和组织结构图。

⑤ PersonalBrain 是一款由 TheBrain 科技公司开发的思维导图软件。它使用的动态的图形界面，可以链接网页和文件，还可以使用内置的日历来管理项目和相关事项。

思维导图是用线条、颜色、图形、标识、物象等形象链接各思考的节点，拓展思维的广度挖掘思维的深度，以促进思维整理、激发创新火花为目的的非线性、立体思维的工具和方法。

3.3.2　思维导图的作用

思维导图可以让人们看到事物的"全景"高效、快捷地获取知识，对思考作清晰的核理，帮助人们收获更多的创意成果。大量研究证实，思维导图对于记忆理解、信息管理、思维激发、思维整理都有不同程度的作用，让思维导图开始呈现出越来越多的运用方式。今天，在人们的学习、生活和工作的各个环节，思维导图都展现着无穷无尽的生命力，思维可视化、思维激发、思维整理和非线性思维是思维导图的本质属性，而思维激发和思维整理是思维导图要达成的目标，思维可视化是实现思维激发和思维整理的手段，非线性思考则是思维导图所承载思维的本质特征。可视化是"让本来看不见或看不清的东西看得更清晰",思维导图兼具知识可视化和思维可视化的特征。一方面,思维导图可以作为知识可视化的工具,整理和呈现客观的知识结构;另一方面,思维导图可以用来支持个人的思考过程和思考结果。

联想和想象是激发思维的重要手段。联想和想象有着密切的关系,但又有明显的不同。联想是指因一事物而想起与之有关事物的思想活动,如由某人或某种事物而想起与之相关的人或事物,由某一概念而想起其他相关的概念。联想是暂时神经联系的复活,是事物之间联系和关系的反应。客观事物是相互联系的,客观事物或现象之间的各种关系和联系,反映在人脑中而形成各种联想,有反映事物外部联系的简单的、低级的联想,也有反映事物内部联系的复杂的、高级的联想。想象是人们在头脑里对已储存的表象进行加工改造形成新形象的心理过程,是一种特殊的思维形式。想象与思维有着密切的联系,都属于高级的认知过程,它们都产生于问题的情景,由个体的需要所推动,并能预见未来。

思维整理是让信息从无序到有序的过程。通过对信息进行组块化,达到降低认知负荷、促进从短时记忆向长时记忆转化的目的。人类的大脑每天都要接收大量信息,如果这些信息未经整理存入大脑,即使功能再强大的大脑也会显得不堪重负。此时,思维导图也就是思维整理的极佳工具。坚持用思维导图整理思维,大脑里的信息存储会变得越来越有序,提取利用也会越迅速。

思维导图按照大脑自身的规律进行思考,可全面调动左脑的逻辑、顺序、条理、文字、数字思维,以及右脑的图像、想像、颜色、空间、整体思维,使大脑潜能得到充分开发,从而极大地发掘人的记忆、创造等方面的潜能,是帮助人们了解并掌握大脑工作原理的说明书。每一种进入大脑的信息,包括文字、数字、符号、线条、颜色、意象、节奏、音符等,都可以成为一个思考中心,并由此向外发散出成千上万的联想要素。每一个联想要素都代表与主题的一个联结,而每一个联结又可以成为另一个主题,再向外发散出成千上万的联想要素,这些要素的广泛联结可以视为个体记忆,也就是个人数据库。人从一出生便开始向这个庞大且复杂的数据库输送数据,大脑惊人的储存能力,使人们累积了大量的信息。思维导图的发散性思考,除了能够增加信息的累积量之外,还能将数据依据彼此间的关联性进行分层、分类管理,使信息的储存、管理、编码及调用更高效。

思维导图的主要作用有以下三个方面:

(1)提高思考速度和效率,更快地学习新知识与复习、整合旧知识;

(2)激发联想与创造的灵感,将各种零散的信息、资源融会贯通成一个系统;

（3）有助于形成系统的学习和思维习惯，能够轻松地进行表达、沟通、演讲、写作、管理等各项工作。

3.3.3 思维导图的应用

思维导图的应用体现在以下八个方面。

1. 用思维导图实现自我对话

白朗宁有句名言："有勇气改变你能够改变的，愿意接受你无法改变的，并且明智地判断你是否有能力改变。"一个人最大的敌人是自己的内心，最大的痛苦来源于对自身认识的不足，我们常常陷入各种迷茫、纠结与矛盾之中。因此，认清自我是最大的人生难题。思维导图为人们提供了一种与内心对话的有效方式。通过思维导图分析自我，可以让人们更清晰地认清自己的优势与不足，从而降低焦虑、增强自信、辅助决策，让眼光更长远，做事也更加有的放矢，具体如图 3-2 所示。

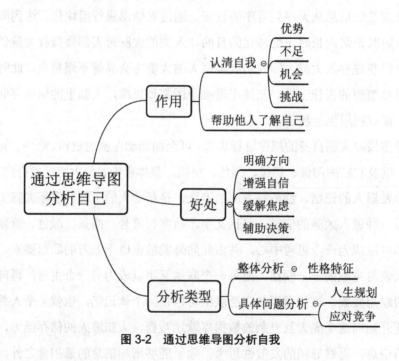

图 3-2 通过思维导图分析自我

2. 用思维导图缓解焦虑

在竞争激烈的社会，人们常常陷入各种焦虑不安之中，但 90% 以上担心的事情，实际都是不会发生的。焦虑本身比糟糕的结果对人的伤害更大。如果始终处在怕失败的焦虑中，那么将一事无成。

被誉为 20 世纪最伟大的心灵导师和成功学大师卡耐基发明了一套克服焦虑的三个步骤：

（1）问自己"可能发生的最糟糕的状况是什么"；

（2）准备去接受最坏的状况；

（3）设法去改善最坏的状况。

试着用卡耐基的三个步骤分析一下自己的焦虑，用思维导图呈现出来，压力会小很多。

3. 用思维导图应对竞争

《孙子·谋攻篇》有言："知彼知己，百战不殆；不知彼而知己，一胜一负；不知彼，不知己，每战必殆。"可见，要想立于不败之地，重要的是知己知彼。

SWOT 分析法，又称为态势分析法或优劣势分析法。现今广泛且深入地应用于企业的战略分析中，帮助人们调整对自我的认识，从而实现个人目标。SWOT 四个英文字母分别代表：优势（strength），劣势（weakness），机会（opportunity），威胁（threat）。从整体上看，SWOT 可以分为两部分：第一部分为 SW，主要用来分析内部条件；第二部分为 OT，主要用来分析外部条件。利用这种方法可以从中找出对自己有利的因素，以及不利的、需要避开的因素。根据 SWOT 分析法发现存在的问题，找出解决办法，并明确以后的发展方向。

结合各种自我分析的方法，利用思维导图，进行自我反省和分析，并逐渐养成一种习惯，人们的思维方式也会慢慢地发生转变，这是一个通过外化促进内化的过程。

4. 用思维导图记笔记

记笔记对学习有着积极的促进作用，如图 3-3 所示。需要注意的是，运用思维导图记笔记，不是为了简单地记录知识点，要建立起各种各样的联系，这些联系包括以下三个部分：

（1）老师讲课的线索。在听课过程中，学生可以用思维导图记录老师的讲课思路，把零碎的"珍珠"串成"项链"，这样可以帮助学生从老师的思考视角对知识进行加工。把零碎的知识串连成有机整体，扩大组块的容量，减少组块的数量，降低学习者的认知负荷。

（2）新知识自身的内在联系。老师讲课的线索依然是线性化的，学生在听课时需要不断发现知识的内部联系，还原知识本身的内在结构。

（3）新旧知识之间的联系。在听课的过程中，及时把自己的理解添加至思维导图中，这样新旧知识就有效建立起联系。

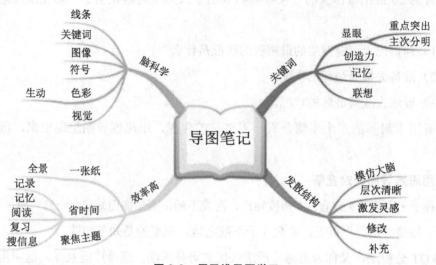

图 3-3 用思维导图学习

5. 用思维导图辅助演讲（发言）

广义的演讲，是指在公众面前发表自己的观点，不仅包括正式的公众演讲，也包括在课堂上的发言。演讲通常分为有稿演讲和即兴演讲。学生在课堂上的发言通常以即兴演讲为主。

对于即兴演讲，主要困难莫过于不知道讲什么（没内容）、不知道怎么讲（没思路）和心理上的慌乱。而没内容和没思路是导致慌乱的主要原因。如果在即兴演讲备用纸上简单画个思维导图，一边激发思维一边釜理思维，这样就会做到心中有数。思维导图可用于演讲前的准备，以及演讲中的思路指引。思维导图可以帮助演讲者聚焦在中心主题上，快速发散思维，确定与主题相关的各种想法和资料，然后再对这些内容进行精简和归类整理，确定演讲的逻辑结构，进行时间分配，确保在规定的时间内得当地完成演讲。

6. 用思维导图考试

用思维导图进行考试有以下五个步骤：

（1）仔细阅读考试内容，思考问题时用微型思维导图，把跳入脑海的想法记下来；

（2）按照先易后难的顺序回答问题，估算回答每个问题所需要的时间；

（3）对全部答题做一次快速的思维导图速射，探索所有问题的各个细节，而不必计较某个时候、回答某个具体问题；

（4）用思维导图快速搭建答题框架；

（5）在搭建答题框架时，使自己自由穿梭于已有的知识结构中，做到前后参照，这样得高分便是顺理成章。

7. 用思维导图做团队工作计划

"凡事预则立，不预则废"。由于工作计划需要落实在个人身上，所以需要分解为针对每个人的个人计划。可见团队工作计划和个人计划有着密切的相关性。团队工作计划与个人计划又有着很大的不同；一是目标不同，个人计划的目标是让个人有更多的时间，在获得最大产出的同时，拥有更多的自由度，而团队工作计划的目标，则是为了更好、更快地完成工作；二是约束条件不同，个人时间管理是围绕个人目标选择任务，受约束的主要是个人的时间，而团队工作计划则是围绕工作目标调集多方资源，包括人力、财力和物力等，受约束的是各方资源。可见，团队工作计划比个人计划的复杂度更高，更需要思维导图的支持。

用思维导图做团队工作计划的同时，不仅要清晰地给出目标、任务和时间，还应确定任务分工和完成标准。

8. 用思维导图进行项目管理

在项目管理中应用思维导图，可以提高管理效率，其作用体现在以下六个环节：

（1）制订整体项目方案，先制订项目的人员安排、时间规划、资金流动、实施步骤、经费预算、预期成果等方面的详细方案；

（2）制订子项目行动计划，并且在项目结束后，完成子项目总结报告；

（3）促进项目组成员间的交流和沟通，在项目实施过程中，使用思维导图组织会议，并结合运用头脑风暴等方法；

（4）监控项目进展，对照项目计划核实项目进度，适时调整；

（5）辅助写作项目文档；

（6）辅助项目总结。

利用思维导图开展项目管理的作用在于：项目进行的全过程都是清晰地、有条理地被可视化出来的，这对项目组成员间的协作交流、项目进程的掌控，都有巨大的促进作用。

练习题：

1. "六顶思考帽"分别有哪六种基本思维功能？

2. 如何正确使用"六顶思考帽"？

扩展阅读 3.11

案例分析

即测即练

微课视频

第 4 章　互联网思维

📖 **学习目标**

通过本章学习，学员应该能够：

1. 了解互联网思维的演变过程；
2. 了解"互联网+"时代特点；
3. 熟悉和掌握"互联网+"的思维模式。

📁 **案例导入**

互联网思维的必要性

在中国社会经济正在深度转型的今天，互联网思维的影响力有多大？海尔 CEO 张瑞敏说过："没有互联网思维，企业活不了。"我们知道，互联网其实是一个信息交换的平台，在这个平台上信息交换不受空间限制，更新速度快、交换成本低，而随着互联网技术的不断提升，信息交换方式从简单的文字向语音、图片、视频等方向发展，而智能手机的普及进一步打破了人们用互联网分享信息在时间和空间上的限制。

从历史上来看，每一次科技的进步都会伴随着思维解放的大潮，互联网时代也不例外。当前，互联网正在以前所未有的势头颠覆着以往的生活模式，无论是互联网行业还是传统行业，都在向前走。在互联网深度影响消费者的购买习惯的今天，也迫使传统的商家开始用互联网思维来调整战略。比如京东的兴起对传统的家电大卖场形成了巨大的冲击，这也迫使以苏宁为代表的传统家电卖场开始向互联网转型，纷纷大举构建自己的网上商城，形成线上线下的互动营销模式。比如在卓达集团举办的创意拍卖会上，"微微拼车"的创意仅用了 5 分钟就获得了 338 万元的投资，这是互联网思维可能影响文化创意产业的交易和发展格局的又一例证。

当前，不断提升的互联网技术，正在影响着人们的思想观念。利用互联网发出自己的声音，传递个人的观点，记录正在发生的社会事件，参与对社会的监督……成为互联网时代人们的一种常态。甚至是以前与互联网"绝缘"的农民阶层也意识到运用互联网来维护自身的合法权益。互联网正在成为传达民意的一个重要平台，传统媒体也开始将源于互联网上的民意纳入到对新闻事件的评论之中。互联网的出现，对人们的生活以及思考问题的方式产生了前所未有的影响，并推动着社会的进步。

【思考题】

1. 互联网思维带来了哪些可视化的改变？

2. 应用互联网思维创新的案例有哪些？

4.1 "互联网 +"时代特点

所谓"互联网思维"是相对于工业化思维而言的，它是一种商业民主化的思维，是一种用户至上的思维，如图 4-1 所示。互联网思维下的产品和服务是一个有机的生命体。

图 4-1 互联网思维

4.1.1 互联网思维的演变过程

（一）工业化思维

一种技术从应用层面到社会生活，往往需要经历很长的过程。珍妮纺纱机从一项新技术到改变纺织行业，再到后来被定义为工业革命的肇始，影响东、西方经济格局，其跨度至少需要几十年，如图 4-2 所示。互联网也同样。

图 4-2　珍妮纺纱机

但因为这种影响是滞后的，所以，我们就难免会处于身份的尴尬之中：旧制度和新时代在我们身上会形成观念的错位。越是以前成功的企业，转型越是艰难，这就是"创新者的窘境"——一个技术领先的企业在面临突破性技术时，会因为对原有生态系统的过度适应而面临失败。

互联网思维就是要对传统的工业思维进行颠覆，消费者已经反客为主，拥有了消费主权。过去 2 000 多年作为人类文明基石的思想体系将面临新的挑战，我们正要迎来消费平等、消费民主和消费自由的消费者主权时代，整个供应链条上的各大角色，如品牌商、分销商和零售商的权力在稀释、在衰退甚至终结。在消费者主权的大时代下，消费信息越来越对称，价值链上的传统利益集团越来越难以巩固自身的利益壁垒，传统的品牌霸权和零售霸权逐渐丧失发号施令的能力。话语权从零售商转移至消费者手中，这是一个划时代的事件，未来全球消费者共同参与、共同分享的开放架构正在形成。这一重心变化赋予每个消费者改变世界的力量，我们必须主动邀请顾客参与从创意、设计、生产到销售的整个价值链创造中来。

（二）用户至上的思维

扩展阅读 4.1

阿里巴巴六大价值观

以前的企业也会讲用户至上、产品为王，但这种口号要么是自我标榜，要么真的是出于企业的道德自律。但是在信息时代，在消费者主权的时代，用户至上是企业不得不这样做的行为。淘宝卖家"见面就是亲，有心就有爱"是真实的情绪，因为好评变成了有价值的资产。

过去，零售商和品牌商习惯了独唱，消费者没有参与其中，而互联网颠覆了现有的商业价值坐标体系和参照物，颠覆了价值创造的规律。我们必须回归商业的本质，真正找到用户的痛点，找到用户的普遍需求，为客户创造价值。只有专注客户的价值才会带来财富。

4.1.2　"互联网+"概述

（一）"互联网+"的概念

国务院《关于积极推进"互联网+"行动的指导意见》（国发 [2015] 40 号，以下简称"40 号文"）指出："互联网+"是把互联网的创新成果与经济社会各领域深度融合，推动技术进步、效率提升和组织变革，提升实体经济创新力和生产力，形成更广泛的以互联网为基础设施和创新要素的经济社会发展新形态。

"互联网+"是互联网思维的进一步实践成果，推动经济形态不断地发生演变，从而带动社会经济实体的生命力，为改革、创新、发展提供广阔的网络平台。通俗的说，"互联网+"就是"互联网+各个传统行业"，但这并不是简单的两者相加，而是利用信息通信技术以及互联网平台，让互联网与传统行业进行深度融合，创造新的发展生态。它代表一种新的社会形态，即充分发挥互联网在社会资源配置中的优化和集成作用，将互联网的创新成果深度融合于经济、社会各个领域之中，提升全社会的创新力和生产力，形成更广泛的以互联网为基础设施和实现工具的经济发展新形态。

理解"互联网+"的四个要点如下：

（1）要走出"互联网+工具论"的狭隘视野，把"互联网+"当作更具生态性的要素来看待，它就是我们的生存环境、我们的生活中不可分割的存在。

（2）每个人都有一个"互联网+"，它和每个人的时间、空间、生活、事业、行业、关系以及现实世界与虚拟世界纠缠在一起。每个人都可以对"互联网+"做出自己的定义、进行解读。

（3）尽管"互联网+"具有动态性，但它的特质用最简洁的方式来表述：跨界融合，连接一切。如果说"连接一切"更加代表了"互联网+"和这个时代的未来，那么"跨界融合"则是现在真真切切要发生的事情。

（4）切忌孤立地看待、解读"互联网+"。"互联网+"是生态要素，它具有很强的协同性、全局性、系统性。我们需要综合地去看待创新驱动发展、大众创业万众创新、中国制造 2025、智慧民生，会发

扩展阅读 4.2

《关于积极推进
"互联网+"行
动的指导意见》
（节选）

现它们是无法分割的，而串起这些"珍珠"的线就是"互联网+"。

未来，"互联网+"对于产业、经济和整个社会都会有非常长远深刻的影响；而且一定会汇成一股越来越强大的力量，推动一个新时代的来临。

（二）怎么理解"+"

我们应该从不同层次来区别看待、理解和整体把握"互联网+"，以便更通透地了解"互联网+"，这包括以下五个层次。

（1）互+联+网。互联网是什么？连接，形成交互，并纳入网络或虚拟网络。信息通信技术改变了距离、时间、空间，虚拟与现实都成为一种存在，每一个个体都被自觉或不自觉地划分至不同的社群、网络。换句话说，互联网产业的企业、从业者也有一个连接、联盟、生态圈的问题。例如，在通用电气的倡导下，AT&T、思科、通用电气、IBM、英特尔等世界级大公司就在美国波士顿宣布成立工业互联网联盟，以期打破技术壁垒，促进物理世界和数字世界的融合。

（2）互联网+移动互联网+云计算+大数据+安全云库+知联网+万联网+产业互联网（如工业互联网、能源互联网）。不管什么名称，连接是目标，互联互通是根本。如果单纯去讲某一方面的网络，和连接本身就是对立的，更谈不上连接一切。同时，万物互联，不论何种网络，一定不要变成孤岛。

（3）互联网+人。移动终端是人的智能化器官，让用户触觉、听觉、视觉等都持续在线、无处不达。"互联网+人"是"互联网+"的起点和归宿，是"互联网+"文化的决定因素，也是"互联网+"可以向更多要素、更多方向、更深层次延展的驱动力所在。

（4）互联网+其他行业。其他行业不能简单地归类为传统行业，互联网产业也需要自我革命、持续迭代，新兴行业要拥抱互联网，而创新创业更离不开互联网。现在进展最快的有"互联网+零售"产生的电子商务、"互联网+金融"出现的互联网金融等。

（5）互联网+所有。这就是连接一切的阶段。人与人、人与物、人与服务、人与场景、物与物，这些连接随时随处发生；不同的地域、时空、行业、机构乃至意念、行为都在连接。同时，后面也可能有各种各样的排列组合，这里面蕴含了形如"互联网+X+Y"的基本模式，比如"互联网+汽车后市场服务"，往往还会与"保险""代驾""救援""拼车"等服务连接一起，这才能真正体现跨界与融合，才有可能产生细分领域的创新。

其实，即便对于"+"本身，也需要有更结构化的理解和更超脱的定义，在不同的场景，其内涵与方式都是不一样的。一般情况下，它代表了连接，至于连接的基础、协议、方式、持续等可能要视情况的不同而有很大的差异。

（三）为什么"+"

互联网为什么可以"+"另外一个行业？这是因为互联网、云计算、大数据等技术，不仅仅提供了产业方面的革命，而是关系 N 个产业的变化。用数据的力量重新定义各个行业，重新定义信息化。因为数据能够获取人与人、全世界之间、全宇宙之间发生的一切变化，并呈现出来。

"互联网 +"成为国家战略，除了国家洞察、产业推动、竞争需要之外，新兴产业应用的跃升式发展也功不可没。电子商务、社交网络、互联网金融是"互联网 +"的破局者。它们的先行先试，既发现了痛点、创新了模式，又积累了经验、发现了问题。可以说，没有互联网金融、社交网络和电子商务的创造性实践，就不会有"互联网 +"被广泛重视的今天。互联网正深刻改变着人们的生活、推动着社会的进步、引领着国家的发展、创造着世界的未来。

（四）"互联网 +"举例

1. 互联网金融

互联网金融是指传统金融机构与互联网企业利用互联网技术和信息通信技术实现资金融通、支付、投资和信息中介服务的新型金融业务模式。互联网金融也是伴随电子商务的发展而生发、成长的，特别是网络支付开启了第三方支付的新方式。无论是电子商务，还是第三方支付，都是利用互联网跨界融合的结果。

扩展阅读 4.3

第三方支付工具

1998 年 PayPal 公司在美国成立，它在传统银行金融网络系统与互联网之间为商家提供网上支付通道。加上亚马逊支付、谷歌钱包等第三方支付公司的出现，美国一度占据全球互联网支付的主要份额。直至 2013 年，中国超越美国，占据全球互联网支付的主要份额。其背景除了移动通信技术快速发展、电子商务越来越被接受之外，支付宝、微信支付、财付通等第三方支付工具加大自身创新力度也是重要的推动因素。

2. 互联网教育

"互联网 +"的兴起与发展为我国各个领域都带来了很大影响，教育领域也不例外。"互联网 + 教育"是随着当今科学技术的不断发展，互联网科技与教育领域相结合的一种新的教育形式。信息化技术已经渗透社会的各个方面。在教育领域中，一场信息化的颠覆性变革正悄悄地发生着。在现代信息社会，互联网具有高效、快捷、方便传播的特点，在中小学生们的学习和生活中发挥着不可替代的重要作用，并成为中小学生们学习的好帮手。这不但有利于提高中小学生上网学习和交流的能力，帮助孩子增长知识、开阔视野、启迪智慧，而且还能更有效地刺激孩子们的求知欲和好奇心，养成中小学生独立思考、勇于探索的良好行为习惯，全面教育和培养祖国未来的建设者和接班人。

扩展阅读 4.4

百度传课

3. 互联网＋农业

"互联网＋农业"是一种生产方式、产业模式与经营手段的创新，通过便利化、实时化、物联化、智能化等手段，对农业的生产、经营、管理、服务等农业产业链环节产生了深远影响，为农业现代化发展提供了新动力。以"互联网＋农业"为驱动，有助于发展智慧农业、精细农业、高效农业、绿色农业，提高农业质量效益和竞争力，实现由传统农业向现代农业转型。

改革开放以来，我国经济高速发展，为农业现代化积聚了丰厚的物质条件和技术基础。然而，千百年来一家一户的小农生产从业人员数仍然占我国农业人数 80% 以上，并且在短时间内很难改变，这严重阻碍了我国现代农业发展。

"互联网＋"开创了大众参与的"众筹"模式，对于我国农业现代化影响深远。一方面，"互联网＋"促进专业化分工、提高组织化程度、降低交易成本、优化资源配置、提高劳动生产率等，正成为打破小农经济制约我国农业农村现代化枷锁的利器；另一方面，"互联网＋"通过便利化、实时化、感知化、物联化、智能化等手段，为农地确权、农技推广、农村金融、农村管理等提供精确、动态、科学的全方位信息服务，正成为现代农业跨越式发展的新引擎。"互联网＋农业"是一种产业模式的创新，必将开启我国小农经济千年未有之大变局。

"互联网＋"助力智能农业和农村信息服务大提升。智能农业实现农业生产全过程的信息感知、智能决策、自动控制和精准管理，农业生产要素的配置更加合理化、农业从业者的服务更有针对性、农业生产经营的管理更加科学化，是今后现代农业发展的重要特征和基本方向。"互联网＋"集成智能农业技术体系与农村信息服务体系，助力智能农业和农村信息服务大大提升。

"互联网＋"助力国内外两个市场与两种资源大统筹。"互联网＋"基于开放数据、开放接口和开放平台，构建了一种"生态协同式"的产业创新，对于消除我国农产品市场流通所面临的国内外双重压力，统筹我国农产品国内外两大市场、两种资源，提高农业竞争力，提供了一整套创造性的解决方案。

"互联网+"助力农业农村"六次产业"大融合。"互联网+"以农村一二三产业之间的融合渗透和交叉重组为路径，加速推动农业产业链延伸、农业多功能开发、农业门类范围拓展、农业发展方式转变，为打造城乡一二三产业融合的"六次产业"新业态，提供信息网络支撑环境。

"互联网+"助力农业科技大众创业、万众创新的新局面。以"互联网+"为代表的新一代信息技术为确保国家粮食安全、确保农民增收、突破资源环境瓶颈的农业科技发展提供新环境，使农业科技日益成为加快农业现代化的决定力量。基于"互联网+"的"生态协同式"农业科技推广服务平台，将农业科研人才、技术推广人员、新型农业经营主体等有机结合起来，助力"大众创业、万众创新"。

扩展阅读 4.5

"互联网+农业"
的六种创新模式

"互联网+"助力城乡统筹和新农村建设大发展。"互联网+"具有打破信息不对称、优化资源配置、降低公共服务成本等优势，"互联网+农业"能够低成本地把城市公共服务辐射至广大农村地区，能够提供跨城乡区域的创新服务，为实现文化、教育、卫生等公共稀缺资源的城乡均等化构筑新平台。

4. 互联网+社会治理

随着互联网特别是移动互联网的发展，社会治理模式正在从单向管理转向双向互动，从线下转向线上线下融合，从单纯的政府监管向更加注重社会协同治理转变。这"三个转变"是构建"互联网+"社会治理创新模式的基本方向。应按照"三个转变"思路，主动适应科技革命和工业革命大趋势，着力加强"互联网+"社会治理的统筹谋划和顶层设计，以提高预测、预警、预防各类风险能力为着力点，以联动融合、开放共治为方向，以数据集中和共享为途径，以理念、制度、机制、方法创新为动力，下好先手棋，打好主动仗，进一步健全、完善线上线下衔接互动机制、互通共享和协作联动机制、全方位安全保障机制、人财物等要素保障机制，不断完善"互联网+"社会治理整体工作格局，打造共建、共治、共享的命运共同体。"互联网+"社会治理模式应重点在完善"四大体系"上求突破：

（1）在构建"互联网+"矛盾化解体系上求突破。"互联网+"为矛盾纠纷多元化解提供了新的标准和视角，提供了新的平台。坚持传统手段与科技创新相结合，坚持网格化管理与基层综治平台建设相结合，充分运用互联网、大数据等新技术，探索符合时代发展的矛盾纠纷多元化解新途径，建立集网上受理、网上咨询、在线调解等功能于一体的网络便民服务平台，不断提升对矛盾纠纷的预防、研判与化解能力。

（2）在构建"互联网+"公共安全体系上求突破。解决公共安全领域的突出问题，既需要继承优良传统,更需要创新。利用新技术新手段攻坚克难,建立完善重点人员声纹、图像等专门信息库,研发了"人车核录"、布控平台、电子侦察哨等安保系统,充分运用大数据技术,提升了对重点人员、重点物品的主动发现和预警能力。下一步,还将把精细化、标准化、常态化理念贯穿于公共安全工作全过程,推动公共安全工作与网络信息技术高度融合,实现从以有限个案为基础到"用数据说话"的转变,从大而化之向因事施策、因人施策转变,从事后追溯向事前预测、预警、预防转变,提高维护公共安全能力水平。在社会治安方面,针对越来越多的犯罪行为"智能化、专业化、隐蔽性高"等特征,通过大力推进公共安全视频监控建设和联网应用等,用数据说话、用数据管理、用数据创新,使预警更加科学、防控更加有效、打击更加精准。在大型活动组织和人员聚集场所管理方面,充分利用"热力图""关键词搜索"等技术,加强人流监测、人群聚集热点预测,利用电子围栏和视频监控来实时预警。在重点人员、重点行业、重点地区管控方面,通过监管数据实现预警管理,对不同的对象实行预警等级分类,实行不同的管控措施。在安全生产方面,进一步运用好物联网、云计算等新技术,构建全过程、无缝隙监管体系,预防和减少公共安全事故的发生,进一步增强人民群众安全感。

(3)在构建"互联网+"执法司法体系上求突破。在互联网时代,政法机关运用信息化手段满足群众多样化的司法需求,已成为执法司法能力的重要组成部分。进一步加大工作力度,科学规划信息互通共享的总体架构,完善政法网的功能,加强信息系统的整合规范,推动网络设施共建,着力解决信息资源互通共享的问题和案多人少的矛盾,促进政法各单位资源高效配置、工作高效运转,进一步提高执法司法公信力。

(4)在构建"互联网+"公共服务体系上求突破。进一步整合基层各部门、各单位公共服务平台和窗口,加快推动跨部门、跨行业涉及公共服务事项的信息互通共享,促进办事部门公共服务相互衔接,延伸移动端便民服务触角,打通网上服务"最后一公里",变"群众奔波"为"信息跑腿",变"群众来回跑"为"部门协同办",在源头上提升公共服务整体效能,打造共建、共治、共享的命运共同体。

4.1.3 "互联网+"的特征

全面透彻地理解"互联网+"的精髓,还应站在时代的角度去考察和分析,关注"互联网+"的六个方面的核心特质。

（一）跨界融合

如果用最简洁的方式来表述，"互联网 +"的特质就是：跨界融合，连接一切。

"+"本身就是一种跨界，也是一种融合。敢于跨界，创新的基础才会更坚实；融合协同，群体智能才会实现，从研发到产业化的路径才会更垂直。融合本身也指代身份的融合，客户消费转化为投资，伙伴参与创新等，不一而足。融合就会提高开放度，就会增强适应性，就不会排斥、排异；互联网如果能够融合每个行业，无论对于传统行业还是互联网，应该都是一件好事。例如，B2B 模式可以进入企业的一些关键节点，促进整合协同、提高效能，可以交叉营销。这个创意就是互联网改变商业的一个方面。例如，腾讯做连接器，开放了平台，可以让更多的人、物、服务、机构嵌入连接器，带来连接的价值，影响了我们智慧生活的方式、与世界对话的方式。

"互联网 +X"的跨界融合，不是单方的亲和力，可以看作各自的融合性、连接性、契合性、开放性、生态性。互联网为其他产业带来冲击是必然的，而且是不可逆的。

应该说，今天我们所处的时代和面临的环境发生了很大的变化，而这种变化背后的驱动要素与跨界相关度非常大。过去传统工业的结构化模式，在互联网、移动互联网乃至大数据技术的冲击下，正在被颠覆。但是，这种颠覆本身带来的是产业之间的融合，以及新兴产业的出现和蓬勃兴起。跨界思维是一种"普适智慧"，不是只有创新时才需要跨界，也不是需要跨界了才去做跨界的准备。跨界，首先必须跨越思维观念之"界"；跨界，应该成为一种行为方式。

（二）创新驱动

我们所处的时代，有人称之为信息经济时代、数据经济时代，甚至有人说创客经济时代、连接经济时代。这一方面说明时代处于动态变化中；另一方面说明这些因素在这个特定阶段越发表现出其重要性和主导性。

中国原有的资源驱动型增长方式早就难以为继，必须转变到创新驱动发展这条正确的道路上来。同时，要敢于打破垄断格局与条框自我设限，破除束缚生产力发展的因素，建立可跨界、可协作、可融合的环境与条件。这正是互联网的特质，用所谓的互联网思维来求变、自我革命，也更能发挥创新的力量。

2015 年 3 月 13 日国务院颁布的《关于深化体制机制改革加快实施创新驱动发展战略的若干意见》指出：把科技创新摆在国家发展全局的核心位置，统筹科技体制改革和经济社会领域改革，统筹推进科技、管理、品牌、组织、商业模式创新，统筹推进军民融合创新，统筹推进引进来与走出去合作创新，实现科技创新、制度创新、开放创新的有机统一和协同发展。

（三）重塑结构

重塑结构从互联网时代就已经开始了。信息革命、全球化、互联网已经打破原有的社会结构、经济结构、关系结构、地缘结构、文化结构。结构被重塑的同时带来很多要素如权力、关系、连接、规则和对话方式的转变。

互联网变迁了关系结构，如用户、伙伴、股东、服务者等身份在一定条件下可以自由切换。互联网改写了地理边界，也改变了原有的游戏规则以及管控模式。商业模式不断被创新，管理的逻辑也发生了长足的变化。生产者和消费者的权力重心发生了重大迁移，连接、关系越来越成为企业追求的要素之一。监管与控制，流量与屏蔽，都有了新的含义与操作思路。

互联网打破了固有的边界，减弱了信息不对称性。信息的民主化、参与的民主化、创造的民主化盛行。互联网让社会结构随时面对不确定性，社群、分享大行其道。接触点设计、卷进方式设计成为企业管理者的必修课，而注意力、引爆点成为商业运营和品牌传播中重点关注的要素。

互联网让组织、雇用、合作都被重新定义，互联网 ID（身份标识号码）成为个体争相追逐的目标。现实世界与虚拟世界有时候变得分裂又无缝融合，自我雇用、动态自组织、自媒体大行其道，连接的协议有时候完全由个人定义。

互联网降低了整个社会的交易成本，提升了全社会的运营效率。移动互联网催生了持续在线，移动终端成为人的智能器官，随时被连接。用户的需求越来越多地发生在移动互联网上，如对通信、信息、传播、娱乐、购物等的需求。互联网还集成了大众智慧，用户可以参与设计、参与创新、参与传播、参与内容创造。

（四）尊重人性

人性，即人类天然具备的基本精神属性。人类社会的一切，都是基本人性的映射。人性的光辉是推动科技进步、经济增长、社会进步、文化繁荣的最根本的力量。尊重人性是互联网最本质的文化。互联网力量之强大最根本地也来源于对人性的最大限度的尊重、对用户体验的敬畏、对人的创造性的重视。

李克强总理在 2014 年度国家科学技术奖励大会上指出，国家繁荣发展的新动能，就蕴含于万众创新的伟力之中。当前中国现代化建设正处于关键时期，将坚定不移地走创新驱动发展之路，使人人皆可创新、创新惠及人人。他还指出"人民是创新的主体"，要把更多资源投到"人"身上而不是"物"上面，敢于让青年人挑大梁、出头彩。

（五）开放生态

依靠创新、创意、创新驱动，同时要跨界融合、做协同，就一定要优化生态。对企业、行业应优化内部生态，并和外部生态做好对接，形成生态的融合性。更重要的是我们创新的生态，如技术和金融结合的生态，产业和研发进行连接的生态等。好的生态激活创造性，放大创造力，孕育创意，促进转化，带来社会价值创新；坏的环境、阻碍的规制、欠缺的生态则会扼杀创新。

未来的商业是无边界的世界。在这个重要前提下，衡量企业跨界能力的关键因素，就是开放性、生态性。不能以开放的心态去对自己所做的跨界战略进行深刻的洞察，自然无法思考和设计新的商业模式。

只有开放才能融合。因为在一个开放的生态系统里，跨界才能找到一些和外界其他要素之间的共通点。当然在这个基础上，还可以去寻找跨界合作的规则。未来的跨界，一定要把企业的内部生态圈延伸出去，和外部的生态系统进行协同、交互、融合，跨界的力量才能有效地推动创新。

创意、创新是生态的一个要素，生态既要有种子，还需要土壤、空气、水分。国家积极鼓励大众创业、万众创新的目的就是孵化培育一大批创新型小微企业，并从中成长出能够引领未来经济发展的骨干企业，形成新的产业业态和经济增长点。而达到目的的最重要条件就是创意、创新、创业的生态。构建生态既需要精心设计，又需要发挥要素的连接性和能动性；生态内外必须形成有机信息交换，而不是自我封闭的构筑；要素间交互、分享、融合、协作随时自由发生，同时还要保持独立、个性与尊重。

"互联网+"行动计划的核心是生态计划，要重塑教育生态、创新生态、协作生态、创业生态、虚拟空间生态、资源配置和价值实现机制、价值分配规则。需要关注的生态包括但不限于：内在创造性激发导向的教育生态，专业教育与职业教育并重，消除高中前与大学教育、大学教育与应用教育的鸿沟；社会价值创新导向的创意创新生态，搭建创意创新与价值创造之间的桥梁；协同创新、融合创新、价值网络再造的生态，让知识产权、人力资本和努力与可预期结果匹配。这的确将引发一场越来越深入的创新。

（六）广泛连接

理解"互联网+"，一定要把握和"连接"之间的关系。跨界需要连接，融合需要连接，创新需要连接。连接是一种对话方式、一种存在形态，没有连接就没有"互联网+"；连接的方式、效果、质量、机制决定了连接的广度、深度与持续性。

"连接"需要有一些基本要素，包括技术（如互联网技术，云计算、物联网、大数据技术等）、场景、参与者（人、物、机构、平台、行业、系统）、协议与交互、信任等。互联网让信息不对称降低，连接节点的可替代性提高，只有信任是选择节点或连接器的最好判别因素，信任让"+"成立，让连接的其他要素与信息不会阻塞、迟滞，让某些节点不会被屏蔽。"互联网+"会让诚信、信任重建，这是人性推动社会进步的最好证据。

4.2 "互联网+"思维模式

互联网不仅仅对经济发展产生深远影响，同时对社会发展带来重大影响。因为互联网不仅仅要连接传统行业，还要连接政务、公共服务、智慧民生；通俗来讲，政府不能袖手旁观，"互联网+"同时也倒逼改革，改进公共服务，优化社会治理。更重要的还来自"互联网+"对于社会新生态的发育、优化。

我们只有对互联网、"互联网+"的作用，对推进"互联网+"行动的战略意义有更全面、更深入的了解、把握和认同，才有可能凝聚共识、有效作为。

4.2.1 关于互联网的再认识

互联网、"互联网+"是信息时代的主旋律。推动互联网与各行业深度融合，对促进大众创业、万众创新，加快形成经济发展新功能，意义重大，如图4-3所示。

如果对目标进行梳理、归纳和提炼，包括未清晰表达的诉求与目标，整体目标清单应如下。

（1）转型与发展目标：形成网络经济与实体经济协同互动的发展格局；实现平稳转型，提质增效升级，做优存量；打造新引擎，创新驱动发展取得重要成果，做大增量。平稳就是不造成巨大波动，不要硬着陆，要兼顾速度和效能，保持健康，但创新驱动发展坚定不移。在民众享受智慧生活的同时，也可以促进信息消费、生产性服务业等成为新增长点。

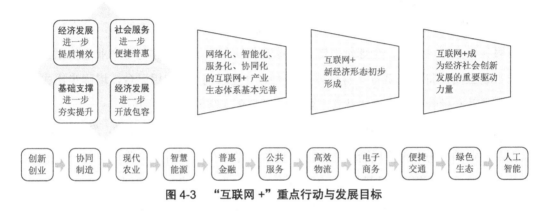

图 4-3 "互联网 +"重点行动与发展目标

（2）连接目标：将大力推动移动互联网、云计算、大数据、安全、物联网、人工智能建设，整体连接指数大幅提高，对内基本消灭数字鸿沟，还要提高面向全球的连接能力。

（3）生态目标：应用"互联网 +"优化社会新生态，让移动互联网、云计算、大数据、物联网等成为生态的基础，让连接更畅通，让跨界融合更具可能性，让要素的流动性更足，让科技创新的机制更灵活，让创新创业的环境更健康、更智慧；促进"互联网 +"产业生态体系的基本完善，以及互联网 + 新经济形态的初步形成。

（4）民生目标：针对民生问题，习近平总书记强调，做好经济社会发展工作，民生是"指南针"。"互联网 +"最重要的就是"人"，真正以人为本、公平可及、便捷普惠，创新发现与放大"人"的价值，促进各得其所；通过互联网融入生活，提供更加优质、更有效率的公共服务，建立公众参与的网络化社会管理服务新模式；让每一个个体体会互联网技术带给他们的生产、生活、创新创业的巨大便利性；在衣食住行、健康、娱乐等方面，获得连接一切的智慧化生活体验。

（5）创新创业目标：鼓励在"互联网 +"率先发展的领域更多地发现机会，展开创新，融合创业；利用"互联网 +"的渗透性，让创新创业获得生态化、集聚性支持，催生高质量、可落地的前瞻性项目，真正成为"双引擎"之一，发力创新驱动发展，让创新创业生态化自由生长。

（6）产业行业目标："互联网＋"逐步由第三产业向第一、第二产业渗透，促进网络化、智能化、服务化、协同化；率先转型的重点产业已经明确，即金融业、电子商务、工业制造业，但是其他行业也要跟上。形成一批有国际影响力和竞争力的行业样本，在中国制造 2025、互联网金融、电子商务三大领域形成重点突破；优化价值链，催生新业态、新模式，发育新兴产业；促进互联网"＋"产业资本"＋"众创空间，以创新为纽带促进产业集群、智力集群。

（7）跨境发展目标：大大增强全球连接能力、全球价值创造能力，在全球市场、全球服务、全球供应链、全球价值链、全球合作伙伴方面，构建跨境产业链体系，发展全球市场应用，特别是培育具有全球影响力的"互联网＋"应用平台，增强走出去服务能力，带动一批骨干企业主体及其产业联盟形成全球跨界融合能力。

（8）智力资本目标：激活人力资本，发挥创造性，培育企业家精神；发育结构资本，让创新创业的生态、跨界融合的生态、产业价值链的生态、外部合作的生态不断完善、优化；积淀、产生标准（创制一批全球有影响力的重要标准）、惯例、标杆、样本等具有知识、技术、商业价值的输出，在"互联网＋"上形成集群示范效应；在关系资本上，形成一批具有一定主导权的标准联盟、产业联盟、服务联盟，通过组办具有全球影响力的"互联网＋"论坛与博览会，通过"一带一路"、自贸区、亚投行辐射区等方面促进交互、信任关系的资本化。

（9）竞争力目标："互联网＋"驱动，通过扫除羁绊、架构生态，解放生产关系，释放生产力动能；用技术创新、思想创新、产业创新、文化创新推动社会价值创新，对世界形成友好而深刻的影响；在民生、治理、公共服务等方面建立具有独特魅力的示范效应。通过努力，实现在全球的产业主导权、市场话语权，构建具有全球影响力的科技创新中心、价值输出中心、连接融合中心、思想创新中心。

4.2.2 新常态，新思维，新经济

2014 年 11 月 9 日，习近平总书记在亚太经合组织工商领导人峰会上首次系统阐述了"新常态"。2014 年 12 月 9 日至 11 日，中央经济工作会议在北京举行，会议从消费、投资、出口和国际收支、生产能力和产业组织方式、生产要素相对优势、市场竞争特点、资源环境约束、经济风险积累和化解、资源配置模式和宏观调控方式九个方面全面阐释中国经济"新常态"。

（一）新常态

新常态是新驱动（新动能）、新要素、新生态、新业态的集成。新驱动即创新驱动发展，主要包括一是协同创新生态与联盟，如 2015 年国务院印发的 40 号文提到的"互联网＋创业网络体系""开放式创新体系""创业服务业"等新业态；二是企业主体，40 号文强调"坚持改革创新和市场需求导向，突出企业的主体作用，大力拓展互联网与经济社会各领域融合的广度和深度；三是大众创业、万众创新，这些中国经济的每一个细胞、万千创新因子，是新动能的最重要来源；四是政府与非政府组织、中介组织、科研院所的创新。所以，要求政府在新常态下"着力深化体制机制改革，释放发展潜力和活力""着力创新政府服务模式，夯实网络发展基础，营造安全网络环境，提升公共服务水平"。

（二）新思维

开放是一切的起点，是互联网最重要的精神。要努力实现以"互联网＋"促进新业态、新模式的创新、培育与发展。40 号文强调"营造开放包容的发展环境，将互联网作为生产生活要素共享的重要平台，最大限度优化资源配置，加快形成以开放、共享为特征的经济社会运行新模式。"也就是把互联网作为开放共享的基础，作为优化资源配置、构建开放式创新体系、驱动智慧生活的重要平台。

坚持跨界思维。跨界可以是跨主体、跨区域、跨领域、跨组织、跨平台、跨要素。40 号文提出"引导建立社会各界交流合作的平台，推动跨区域、跨领域的技术成果转移和协同创新"。尊重价值、有效交互、注重体验、放大价值本来就是互联网精神的内涵，各类主体间要加强对彼此的尊重和理解，融合协同探索新的连接方式、新的互动模式、新的价值创造路径，再推动行业应用，跨界集群。

坚持融合创新思维。40 号文强调"鼓励传统产业树立互联网思维，积极与'互联网＋'相结合。推动互联网向经济社会各领域加速渗透，以融合促创新，最大程度汇聚各类市场要素的创新力量，推动融合性新兴产业成为经济发展新动力和新支柱"。

坚持普惠思维。40 号文贯穿普惠意识，全文从两个角度、出现四处"普惠"：一是目标上让"社会服务进一步便捷普惠"；二是"'互联网＋'普惠金融"行动，要"促进互联网金融健康发展，全面提升互联网金融服务能力和普惠水平""拓宽普惠金融服务范围，为实体经济发展提供有效支撑。"

坚持公平思维。40 号文中"公平"出现四处：一是在原则上针对"安全有序"，要求"建立科学有效的市场监管方式，促进市场有序发展，保护公平竞争，防止形成行业垄断和市场壁垒"。二是谈发展目标针对"社会服务进一步便捷普惠"，要求"社会服务资源配置不断优化，公众享受更加公平、高效、优质、便捷的服务"。三是在"'互联网+'益民服务"中，强调"促进教育公平"。四是在"保障支撑"的"营造宽松环境"中，对信息企业垄断行为亮起了红灯，进行了预警，指出"完善反垄断法配套规则，进一步加大反垄断法执行力度，严格查处信息领域企业垄断行为，营造互联网公平竞争环境"。所以，可以把握新常态下"公平"的新内涵：公平地享受服务的机会——平等地接受教育、医疗、数字服务的机会；公平的进入机会——国民待遇；公平的发展机会——同起点非歧视，公平的竞争机会；等等。

（三）新经济

"互联网+"时代经济发展呈现新的特征与形态。共享经济、信息经济、WE众经济、普惠经济等，实际上都是"经济社会发展新形态"的一部分或不同表现形式。

概括地说，众包、众筹、众挖、众扶、众设、众创、众智，再加上交互、分享、协同，就可能获得"WE众经济"——优化生态，借助互联网与平台，进行新的分工合作，融合协作，让每一个个体的创意、创新、创造的能动性与活力充分释放！

40号文在"发展便民服务新业态"中提到三种新经济形态。"发展体验经济，支持实体零售商综合利用网上商店、移动支付、智能试衣等新技术，打造体验式购物模式。发展社区经济，在餐饮、娱乐、家政等领域培育线上线下结合的社区服务新模式。发展共享经济，规范发展网络约租车，积极推广在线租房等新业态，着力破除准入门槛高、服务规范难、个人征信缺失等瓶颈制约。发展基于互联网的文化、媒体和旅游等服务，培育形式多样的新型业态。积极推广基于移动互联网入口的城市服务，开展网上社保办理、个人社保权益查询、跨地区医保结算等互联网应用，让老百姓足不出户享受便捷高效的服务"。这也表明对新业态的包容性进一步增强。

4.2.3　跨界、联盟与融合

平台化、联盟化和新机会是40号文中的重要内容。

平台化。40号文中出现了62次"平台"；26处提及"互联网企业"，1处提到"大型互联网企业"。而这些平台是"互联网+产业"的表现，因此既对互联网企业寄予了厚望，也指明了"企业互联网+"的方向。

联盟化。联盟就是跨界、融合。

（1）在"保障支撑"的"强化创新驱动"中，"鼓励构建以企业为主导，产学研用合作的'互联网＋'产业创新网络或产业技术创新联盟"。应积极鼓励互联网产业的企业之间、互联网产业与特定行业之间、产学研用之间，形成相应的产业联盟，通过众创空间、创新社区、公共创新平台、生态平台、共同基金等展开合作，打破固有的行业边界、组织边界和创新边界，向跨界融合要效能，向协同创新要价值。

（2）在"保障支撑"的"强化创新驱动"中，强调"不断完善'互联网＋'融合标准体系，同步推进国际国内标准化工作，增强在国际标准化组织、国际电工委员会和国际电信联盟等国际组织中的话语权"。这点非常重要，标准的重要性也自不待言，否则就没有连接一切，没有互联互通；也更谈不上结构资本、智力资本，谈不上国家竞争力和控制力、话语权。这也凸显了国家要利用"互联网＋"去获得未来国际影响力和话语权的决心，也是对"互联网＋"战略地位的再一次肯定和强调。

（3）在"保障支撑"的"强化创新驱动"中，要求"增强全社会对网络知识产权的保护意识，推动建立'互联网＋'知识产权保护联盟，加大对新业态、新模式等创新成果的保护力度"。知识产权制度是保护创新的基石。而通过"互联网＋"知识产权保护联盟形成全覆盖、全天候的创新保护机制与价值实现机制，是非常重要的制度安排。

（4）在"保障支撑"的"拓展海外合作"中，强调"增强走出去服务能力"，要"充分发挥政府、产业联盟、行业协会及相关中介机构作用，形成支持'互联网＋'企业走出去的合力。鼓励中介机构为企业拓展海外市场提供信息咨询、法律援助、税务中介等服务。支持行业协会、产业联盟与企业共同推广中国技术和中国标准，以技术标准走出去带动产品和服务在海外推广应用"。

此外，要做好"互联网＋"，互联网产业有必要形成联盟。互联网产业与传统产业情同手足而非势同水火，传统产业为互联网提供了丰厚的应用土壤，互联网为传统产业输出而不是侵蚀或伤害商业价值，互联网与传统产业的交互融合可以让彼此获得长足的发展，而且会创新社会价值。从另一层意义上来讲，互联网产业之间、传统产业之间的跨界、融合和协同的可能性也不可限量。所以，加深对彼此的了解与认知，加大对彼此利益的关切和尊重，加强跨界的共同思考与创新融合，不自我设限，不保守封闭，多维连接，才能真正展现"互联网＋"的独有魅力。

新机会。互联网＋行动带来的新机会比比皆是，从每一项重点行动中都可以找到创新业态、创新服务、创新模式的线索。比如服务创新。服务对象从个体层面、企业层面到产业层面，从政府到行业、企业，从网络空间到线下，从国内到海外，融合创新平台还要体现个性化，服务创新是关键。通过服务标准创制和个性化服务，可以促进科技成果转化和产业化，提高产业创新、转型的效率与效能。

练习题：

1. 简述"互联网+"的民生目标。

2. 请简要陈述"互联网+"时代经济发展呈现的新的特征与形态。

扩展阅读 4.6

从"+互联网"
到"互联网+"

即测即练

微课视频

第 5 章 大数据时代

🏵 学习目标

通过本章学习，学员应该能够：

1. 了解大数据时代的概念；

2. 熟悉大数据时代的特征；

3. 理解大数据时代创新思维的类型。

📑 案例导入

大数据应用实例

一、医疗大数据看病更高效

除了较早前就开始利用大数据的互联网公司，医疗行业是让大数据分析最先发扬光大的传统行业之一。医疗行业拥有大量的病例、病理报告、治愈方案、药物报告等。如果这些数据可以被整理和应用将会极大地帮助医生和病人。我们面对的数目及种类众多的病菌、病毒，以及肿瘤细胞，其都处于不断进化的过程中。在发现诊断疾病时，疾病的确诊和治疗方案的确定是最困难的。

在未来，借助于大数据平台我们可以收集不同病例和治疗方案，以及病人的基本特征，可以建立针对疾病特点的数据库。如果未来基因技术发展成熟，可以根据病人的基因序列特点进行分类，建立医疗行业的病人分类数据库。在医生诊断病人时可以参考病人的疾病特征、化验报告和检测报告，参考疾病数据库来快速帮助病人确诊。在制定治疗方案时，医生可以依据病人的基因特点，调取相似基因、年龄、人种、身体情况相同的有效治疗方案，制定出适合病人的治疗方案，帮助更多人及时进行治疗。同时这些数据也有利于医药行业开发出更加有效的药物和医疗器械。

医疗行业的数据应用一直在进行，但是数据没有打通，都是孤岛数据，没有办法进行大规模应用。未来需要将这些数据统一收集，纳入统一的大数据平台，为人类健康造福。政府和医疗行业是推动这一趋势的重要动力。

二、生物大数据改良基因

自人类基因组计划完成以来，以美国为代表，世界主要的发达国家纷纷启动了生命科学基础研究计划，如国际千人基因组计划、DNA 百科全书计划、英国十万人基因组计划等。这些计划引领生物数据呈爆炸式增长，目前每年全球产生的生物数据总量已达EB级，生命科学领域正在爆发一次数据革命，生命科学某种程度上已经成为大数据科学。

今天的准妈妈们，除了要准备尿布、奶瓶和婴儿装，她们还会把基因测试列入计划单。基因测试能让未来的父母对于他们未出生的孩子的健康情况有更多的了解。对基因携带者筛查和胚胎植入前诊断，使一个家庭孕育小孩的过程产生了巨大改变。

当下，我们所说的生物大数据技术主要是指大数据技术在基因分析上的应用，通过大数据平台人类可以将自身和生物体基因分析的结果进行记录和存储，利用建立基于大数据技术的基因数据库。大数据技术将会加速基因技术的研究，快速帮助科学家进行模型的建立和基因组合模拟计算。基因技术是人类未来战胜疾病的重要武器，借助于大数据技术的应用，人们将会加快自身基因和其他生物基因的研究进程。未来利用生物基因技术来改良农作物、培养人类器官、消灭害虫都即将实现。

【思考题】

通过案例，你还能想到哪些由科技进步带来的变化？

5.1 大数据概述

信息社会所带来的好处是显而易见的：每个人口袋里都揣有一部手机，每台办公桌上都放着一台电脑，每间办公室内都连接局域网甚至互联网。半个世纪以来，随着计算机技术全面和深度地融入社会生活，信息爆炸已经积累到了一个开始引发变革的程度。信息总量的变化导致了信息形态的变化——量变引起了质变。最先经历信息爆炸的学科，如天文学和基因学，创造出了"大数据"（big data）这个概念。如今，这个概念几乎应用到所有人类致力于发展的领域中。

数据是反映客观事物属性的记录，是信息的具体表现形式。数据经过加工处理之后，就成为信息；而信息需要经过数字化转变成数据才能存储和传输。所以，数据和信息之间是相互联系的。

数据和信息也是有区别的。从信息论的观点来看，描述信源的数据是信息和数据冗余之和，即：数据 = 信息 + 数据冗余。数据是数据采集时提供的，信息是从采集的数据中获取的有用信息，即信息可以简单地理解为数据中包含的有用的内容。

一个消息越不可预测，它所含的信息量就越大。事实上，信息的基本作用就是消除人们对事物了解的不确定性。信息量是指从众多相等的可能事件中选出一个事件所需要的信息度量和含量。从这个定义看，信息量与概率是密切相关的。

5.1.1　从天文学谈起

综合观察社会各个方面的变化趋势，我们能真正意识到信息爆炸或者说大数据的时代已经到来。以天文学为例，2000 年斯隆数字巡天项目启动的时候，位于新墨西哥州的望远镜在短短几周内收集的数据，就比世界天文学历史上总共收集的数据还要多，如图 5-1 所示。不过，2016 年在智利投入使用的大型视场全景巡天望远镜能在五天之内就获得同样多的信息。

图 5-1　美国斯隆数字巡天望远镜

天文学领域发生的变化在社会各个领域都在发生。2003 年，人类第一次破译人体基因密码的时候，辛苦工作了十年才完成了 30 亿对碱基对的排序。大约十年之后，世界范围内的基因仪每 15 分钟就可以完成同样的工作。在金融领域，美国股市每天的成交量高达 70 亿股，而其中三分之二的交易都是由建立在数学模型和算法之上的计算机程序自动完成的，这些程序运用海量数据来预测利益和降低风险。

互联网公司更是快被数据淹没了。谷歌公司每天要处理超过 24 拍字节的数据，这意味着其每天的数据处理量是美国国家图书馆所有纸质出版物所含数据量的上千倍。Facebook（脸书）公司每天更新的照片量超过 1 000 万张，每天人们在网站上点"赞"（Like）按钮或者写评论大约有 30 亿次，这就为 Facebook 公司挖掘用户喜好提供了大量的数据线索。与此同时，谷歌子公司 YouTube 每月接待多达 8 亿的访客，平均每一秒钟就会有一段长度在一小时以上的视频上传。推特（Twitter）上的信息量几乎每年翻一番，每天都会发布超过 4 亿条图文。

从科学研究到医疗保险，从银行业到互联网，各个不同的领域都在讲述着一个类似的故事，那就是爆发式增长的数据量。这种增长超过了我们创造机器的速度，甚至超过了我们的想象。人类存储信息量的增长速度比世界经济的增长速度快 4 倍，而计算机数据处理能力的增长速度则比世界经济的增长速度快 9 倍，每个人都受到了这种极速发展的冲击。

以纳米技术为例。纳米技术专注于把东西变小而不是变大。其原理就是当事物到达分子级别时，它的物理性质就会发生改变。例如，铜本来是用来导电的物质，但它一旦到达纳米级别就不能在磁场中导电了；银离子具有抗菌性，但当它以分子形式存在的时候，这种性质会消失。一旦到达纳米级别，金属可以变得柔软，陶土可以具有弹性。同样，当我们增加所利用的数据量时，也就可以做很多在小数据量的基础上无法完成的事情。

大数据的科学价值和社会价值正是体现在这里。一方面，对大数据的掌握程度可以转化为经济价值的来源；另一方面，大数据已经撼动了世界的方方面面，从商业科技到医疗、政府、教育、经济、人文以及社会的其他各个领域。尽管我们还处在大数据时代的初期，但我们的日常生活已经离不开它了。

5.1.2　大数据的定义

所谓大数据，狭义上可以定义为：用现有的一般技术难以管理的大量数据的集合。对大量数据进行分析，并从中获得有用观点，这种做法在一部分研究机构和大企业中，过去就已经存在了。现在的大数据和过去相比，主要有三点区别：（1）随着社交媒体和传感器网络等的发展，在我们身边正产生出大量且多样的数据；（2）随着硬件和软件技术的发展，数据的存储、处理成本大幅下降；（3）随着云计算的兴起，大数据的存储、处理环境已经没有必要自行搭建。

所谓"用现有的一般技术难以管理"，是指用目前在企业数据库占据主流地位的关系型数据库无法进行管理的、具有复杂结构的数据。或者也可以说，是指由于数据量的增大，导致对数据的查询响应时间超出允许范围的庞大数据。

研究机构 Gartner 给出了这样的定义："大数据"是需要新处理模式才能具有更强的决策力、洞察发现力和流程优化能力的海量、高增长率和多样化的信息资产。

麦肯锡说："大数据指的是所涉及的数据集规模已经超过了传统数据库软件获取、

存储、管理和分析的能力。这是一个被故意设计成主观性的定义，并且是一个关于多大的数据集才能被认为是大数据的可变定义，即并不定义大于一个特定数字的 TB 才叫大数据。因为随着技术的不断发展，符合大数据标准的数据集容量也会增长；并且定义随不同的行业也有变化，这依赖于在一个特定行业通常使用何种软件和数据集有多大。因此，大数据在今天不同行业中的范围可以从几十 TB 到几 PB。"

随着"大数据"的出现，数据仓库、数据安全、数据分析、数据挖掘等围绕大数据商业价值的利用正逐渐成为行业人士争相追捧的利润焦点，在全球引领了又一轮数据技术革新的浪潮。

5.1.3　大数据特征的 3V 描述

从字面来看，"大数据"这个词可能会让人觉得只是容量非常大的数据集合而已。但容量只不过是大数据特征的一个方面，如果只拘泥于数据量，就无法深入理解当前围绕大数据所进行的讨论。因为"用现有的一般技术难以管理"这样的状况，并不仅仅是由于数据量增大这一个因素所造成的。

IBM 认为：可以用 3 个特征相结合来定义大数据：数量（volume，或称容量）、种类（variety，或称多样性）和速度（velocity），或者就是简单的 3V，即庞大容量、极快速度和种类丰富的数据。如图 5-2 所示。

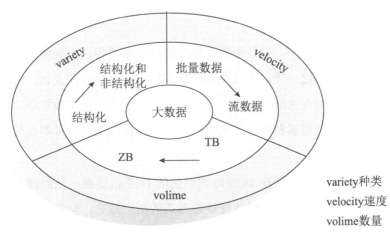

图 5-2　按数量、种类和速度来定义大数据

1. 数量（volume）

用现有技术无法管理的数据量，从现状来看，基本上是指从几十 TB 到几 PB。当然，随着技术的进步，这个数值也会不断变化。

如今，存储的数据数量正在急剧增长中，包括：环境数据、财务数据、医疗数据、监控数据等。有关数据量已从 TB 级别转向 PB 级别，并且不可避免地会转向 ZB 级别。随着可供企业使用的数据量不断增长，处理、理解和分析的数据的比例却不断下降。

2. 种类（variety）

随着传感器、智能设备以及社交协作技术的激增，企业的数据也变得更加复杂，因为它不仅包含传统的关系型数据，还包含来自网页、互联网日志文件（包括单击流数据）、搜索索引、社交媒体论坛、电子邮件、文档、主动和被动系统的传感器数据等原始、半结构化和非结构化数据。

种类表示所有的数据类型。其中，爆发式增长的一些数据，如互联网上的文本数据、位置信息、传感器数据、视频等，用企业中主流的关系型数据库是很难存储的，它们都属于非结构化数据。

当然，在这些数据中，有一些是过去就一直存在并保存下来的。和过去不同的是，除了存储，还需要对这些大数据进行分析，并从中获得有用的信息。比如监控摄像机中的视频数据。近年来，超市、便利店等零售企业几乎都配备了监控摄像机，最初目的是为了防范盗窃，但现在也出现了使用监控摄像机的视频数据来分析顾客购买行为的案例。

例如，美国高级文具制造商万宝龙过去是凭经验和直觉来决定商品陈列布局的，现在尝试利用监控摄像头对顾客在店内的行为进行分析。通过分析监控摄像机的数据，将最想卖出去的商品移动至最容易吸引顾客目光的位置，使得销售额提高了 20%。

3. 速度（velocity）

数据产生和更新的频率，也是衡量大数据的一个重要特征。就像我们收集和存储的数据量和种类发生了变化一样，生成和需要处理数据的速度也在变化。不要将速度的概念限定为与数据存储相关的增长速率，应动态地将此定义应用于数据中，即数据流动的速度。有效处理大数据需要在数据变化的过程中对数据的数量和种类执行分析，而不只是在数据静止后执行分析。

例如，遍布全国的便利店在 24 小时内产生的 POS 机数据，电商网站中由用户访问所产生的网站点击流数据，高峰时达每秒近万条的微信短文；全国公路上安装的交通堵塞探测传感器和路面状况传感器（可检测结冰、积雪等路面状态）等，每天都在产生着庞大的数据。

IBM 在 3V 的基础上又归纳总结了第四个 V——veracity（真实和准确）。"只有真实而准确的数据才能让对数据的管控和治理真正有意义。随着社交数据、企业内容、交易与应用数据等新数据源的兴起，传统数据源的局限性被打破，企业愈发需要有效的信息治理以确保其真实性及安全性。"

互联网数据中心对大数据有着这样的描述："大数据是一个貌似不知道从哪里冒出来的大的动力。但是实际上，大数据并不是新生事物。然而，它确实正在进入主流，并得到重大关注，这是有原因的。廉价的存储、传感器和数据采集技术的快速发展、通过云和虚拟化存储设施增加的信息链路，以及创新软件和分析工具，正在驱动着大数据。大数据不是一个'事物'，而是一个跨多个信息技术领域的动力。大数据技术描述了新一代的技术和架构，其被设计用于：通过使用高速（velocity）地采集、发现或分析，从超大容量（volume）的多样（variety）数据中经济地提取价值（value）。"

这个定义除了揭示大数据传统的 3V 基本特征，即大数据量（volume）、多样性（variety）和高速（velocity），还增添了一个新特征：价值（value）。总之，大数据是个动态的定义，不同行业根据其应用的不同有着不同的理解，其衡量标准也在随着技术的进步而改变。

从广义层面上为大数据下一个定义："所谓大数据，是一个综合性概念，它包括因具备 3V 特征而难以进行管理的数据，对这些数据进行存储、处理、分析的技术，以及能够通过分析这些数据获得实用意义和观点的人才和组织。"具体如图 5-3 所示。

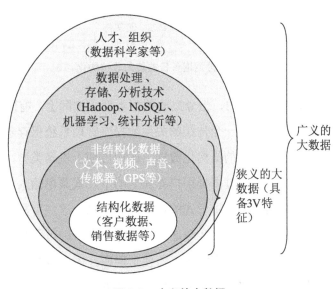

图 5-3　广义的大数据

"存储、处理、分析的技术"指的是用于大规模数据分布式处理的框架、具备良好扩展性的数据库，以及机器学习和统计分析等；"能够通过分析这些数据获得实用意义和观点的人才和组织"指的是目前十分紧俏的"数据科学家"这类人才，以及能够对大数据进行有效运用的组织。

5.1.4 大数据的结构类型

大数据具有多种形式，从高度结构化的财务数据到文本文件、多媒体文件和基因定位图的任何数据，都可以称为大数据。由于数据自身的复杂性，作为一个必然的结果，处理大数据的首选方法就是在并行计算的环境中进行大规模并行处理（massively parallel processing，MPP），这使得同时发生的并行摄取、并行数据装载和分析成为可能。实际上，大多数的大数据都是非结构化或半结构化的，这需要不同的技术和工具来处理和分析。

大数据最突出的特征是它的结构。图 5-4 显示了几种不同数据结构类型数据的增长趋势，由图可知，未来数据增长的80% ～ 90% 将来自于不是结构化的数据类型。

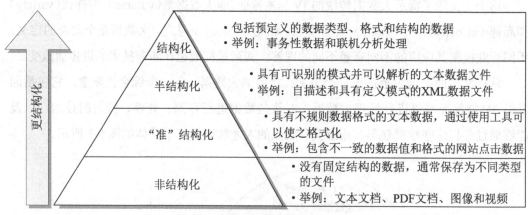

图 5-4　数据增长日益趋向非结构化

虽然图 5-4 显示了 4 种不同的、相分离的数据类型，实际上，有时这些数据类型是可以被混合在一起的。例如，有一个传统的关系数据库管理系统保存着一个软件支持呼叫中心的通话日志，这里有典型的结构化数据，比如日期、机器类型、问题类型、操作系统，这些都是在线支持人员通过图形用户界面上的下拉式菜单输入的。另外，还有非结构化数据或半结构化数据，如自由形式的通话日志信息，这些可能来自包含问题的电子邮件，或者技术问题和解决方案的实际通话描述。另外一种可能是与结构化数据有关的实际通话的语音日志或者音频文字实录。即使是现在，大多数分析人员还无法分析这种通话日志历史数据库中的最普通和高度结构化的数据，因为挖掘文本信息是一项强度很大的工作，并且无法简单地实现自动化。

人们通常最熟悉结构化数据的分析，然而，半结构化数据、"准"结构化数据（网站地址字符串）和非结构化数据代表了不同的挑战，需要不同的技术来分析。

如今，人们不再认为数据是静止和陈旧的。但在以前，一旦完成了收集数据的目的之后，数据就会被认为已经没有用处了。比方说，在飞机降落之后，票价数据就没有用了。又如某城市的公交车因为价格不依赖于起点和终点，所以能够反映重要通勤信息的数据就可能被丢弃了——设计人员如果没有大数据的理念，就会丢失掉很多有价值的数据。

今天，大数据是人们获得新的认知、创造新的价值的源泉，大数据还是改变市场、组织机构，以及政府与公民关系的方法。大数据时代对我们的生活，以及与世界交流的方式都提出了挑战。实际上，大数据的精髓在于我们分析信息时的三个转变，这些转变将改变我们理解和组建社会的方法，这三个转变是相互联系和相互作用的。

5.2　大数据时代与创新思维

大数据的思维变革主要有三点：总体＝样本；接受数据的混杂性；数据的相关关系。

5.2.1　总体＝样本

大数据时代的第一个转变，是要分析与某事物相关的更多的数据，有时候甚至可以处理和某个特别现象相关的所有数据，而不再是只依赖于分析随机采样的少量的数据样本。

19 世纪以来，当面临大量数据时，社会都依赖于采样分析。但是采样分析是信息缺乏时代和信息流通受限制的模拟数据时代的产物。以前我们通常把这看成是理所当然的限制，但高性能数字技术的流行让我们意识到，这其实是一种人为的限制。与局限在小数据范围相比，使用一切数据为我们带来了更高的精确性，也让我们看到了一些以前样本无法揭示的细节信息。

在某些方面，人们依然没有完全意识到自己拥有了能够收集和处理更大规模数据的能力，还是在信息匮乏的假设下做很多事情，假定自己只能收集少量信息。这是一个自我实现的过程。人们甚至发展了一些使用尽可能少的信息的技术。例如，统计学的一个目的就是用尽可能少的数据来证实尽可能重大的发现。事实上，我们形成了一种习惯，那就是在制度、处理过程和激励机制中尽可能地减少数据的使用。

（一）小数据时代的随机采样

三百多年前，一个名叫约翰·格朗特的英国缝纫用品商提出了一个很有新意的方法，来推算出鼠疫时期伦敦的人口数，这种方法就是后来的统计学。采用这个方法，人们可以利用少量有用的样本信息来获取人口的整体情况。虽然后来证实他能够得出正确的数据仅仅是因为运气好，但在当时他的方法大受欢迎。样本分析法一直都有较大的漏洞，因此，无论是进行人口普查还是其他大数据类的任务，人们还是一直使用清点这种"野蛮"的方法。

美国在1880年进行的人口普查，耗时8年才完成数据汇总。因此，最终获得的很多数据都是过时的。1890年进行人口普查，预计要花费13年的时间来汇总数据。然而，因为税收分摊和国会代表人数确定都是建立在人口的基础上的，必须获得正确且及时的数据。美国人口普查局就委托发明家赫尔曼·霍尔瑞斯（被称为现代自动计算之父）用他的穿孔卡片制表机来完成1890年的人口普查，如图5-5所示。

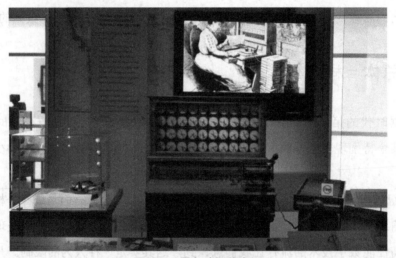

图 5-5　霍尔瑞斯普查机

经过大量的努力，霍尔瑞斯成功地在1年时间内完成了人口普查的数据汇总工作。这在当时简直就是一个奇迹，它标志着自动处理数据的开端，也为后来IBM公司的成立奠定了基础。但是，将其作为收集处理大数据的方法依然过于昂贵。毕竟，每个美国人都必须填一张可制成穿孔卡片的表格，然后再进行统计。

这就是问题所在，是利用所有的数据还是仅仅采用一部分呢？最明智的自然是得到有关被分析事物的所有数据，但是，当数量无比庞大时，这又不太现实。那如何选择样本呢？事实证明，问题的关键是选择样本时的随机性。统计学家们证明：采样分析的精确性随着采样随机性的增加而大幅提高，但与样本数量的增加关系不大。虽然听起来很不可思议，但事实上，研究表明，当样本数量达到了某个值之后，我们从新个体身上得到的信息会越来越少，就如同经济学中的边际效应递减一样。

在商业领域，随机采样被用来监管商品质量。这使得监管商品质量和提升商品品质变得更容易，花费也更少。以前，全面的质量监管要求对生产出来的每个产品进行检查，而现在只需从一批商品中随机抽取部分样品进行检查就可以了。本质上来说，随机采样让大数据问题变得更加切实可行。同理，它将客户调查引进了零售行业，将焦点讨论引进了政治界，也将许多人文问题变成了社会科学问题。

随机采样取得了巨大的成功，成为现代社会、现代测量领域的重要手段。但这只是一条捷径，是在不可收集和分析全部数据的情况下的选择，它本身存在许多固有的缺陷。它的成功依赖于采样的绝对随机性，但是实现采样的随机性非常困难。一旦采样过程中存在任何偏见，分析结果就会相去甚远。此外，随机采样不适合考察子类别的情况。因为一旦继续细分，随机采样结果的错误率会大大增加。因此，在宏观领域起作用的方法在微观领域失去了作用。

（二）大数据与癌症治疗

由于技术成本大幅下跌以及在医学方面的广阔前景，个人基因排序（DNA 分析）成了一门新兴产业。从 2007 年起，硅谷的新兴科技公司 23andme 就开始分析人类基因，价格仅为几百美元。这可以揭示出人类遗传密码中一些会导致其对某些疾病抵抗力差的特征，如乳腺癌和心脏病。23andme 希望能通过整合顾客的 DNA 和健康信息，了解用其他方式不能获取的新信息。公司对某人的一小部分 DNA 进行排序，标注出几十个特定的基因缺陷。这只是该人整个基因密码的样本，还有几十亿个基因碱基对未排序。最后，23andme 只能回答其标注过的基因组表现出来的问题。发现新标注时，该人的 DNA 必须重新排序，更准确地说，是相关的部分必须重新排列。只研究样本而不是整体，有利有弊：能更快、更容易地发现问题，但不能回答事先未考虑的问题。

苹果公司的传奇总裁史蒂夫·乔布斯在与癌症斗争的过程中采用了不同的方式，成为世界上第一个对自身所有 DNA 和肿瘤 DNA 进行排序的人。为此，他支付了高达几十万美元的费用，这是 23andme 报价的几百倍之多。所以，他得到了包括整个基因密码的数据文档。

对于一个普通的癌症患者，医生只能期望他的 DNA 排列同试验中使用的样本足够相似。但是，史蒂夫·乔布斯的医生们能够基于乔布斯的特定基因组成，按所需效果用药。

如果癌症病变导致药物失效，医生可以及时更换另一种药。乔布斯曾经开玩笑地说："我要么是第一个通过这种方式战胜癌症的人，要么就是最后一个因为这种方式死于癌症的人。"虽然他的愿望都没有实现，但是这种获得所有数据而不仅是样本的方法还是将他的生命延长了好几年。

（三）全数据模式：样本＝总体

采样的目的是用最少的数据得到最多的信息，而当我们可以获得海量数据的时候，它就没有什么意义了。如今，感应器、手机导航、网站点击和微信等被动地收集了大量数据，而计算机可以轻易地对这些数据进行处理，因为数据处理技术已经发生了翻天覆地的改变。

在很多领域，从收集部分数据到收集尽可能多的数据的转变已经发生了。如果可能的话，我们会收集所有的数据，即"样本＝总体"。

分析整个数据库，而不是对一个小样本进行分析，能够提高微观层面分析的准确性。所以，我们现在经常会放弃样本分析这条捷径，选择收集全面而完整的数据。我们需要足够的数据处理和存储能力，也需要最先进的分析技术。同时，简单廉价的数据收集方法也很重要。在一个资源有限的时代，要解决这些问题需要付出很高的代价。但是现在，解决这些难题已经变得简单容易得多。曾经只有大公司才能做到的事情，现在绝大部分的公司都可以做到了。

通过使用所有的数据，我们可以发现以前会在大量数据中被淹没掉的情况。例如，信用卡诈骗是通过观察异常情况来识别的，只有掌握了所有的数据才能做到这一点。在这种情况下，异常值是最有用的信息，可以把它与正常交易情况进行对比。这是一个大数据问题。而且，因为交易是即时的，所以数据分析也应该是即时的。

因为大数据是建立在掌握所有数据，至少是尽可能多的数据的基础上的，所以我们就可以正确地考察细节并进行新的分析。在任何细微的层面，我们都可以用大数据去论证新的假设。当然，有些时候，我们还是可以使用样本分析法，毕竟我们仍然活在一个资源有限的时代。但是更多时候，利用手中掌握的所有数据成了最好也是可行的选择。

5.2.2 接受数据的混杂性

大数据时代的第二个转变，是我们乐于接受数据的纷繁复杂，而不再一味追求其精确性。

在越来越多的情况下，使用所有可获取的数据变得更为可能，但为此也要付出一定的代价。数据量的大幅增加会造成结果的不准确，与此同时，一些错误的数据也会混进数据库。然而，适当忽略微观层面上的精确度会让我们在宏观层面拥有更好的洞察力。

当我们拥有海量即时数据时，绝对的精准不再是我们追求的主要目标。大数据纷繁多样，优劣掺杂，分布在全球多个服务器上。拥有了大数据，我们不再需要对一个现象刨根究底，只要掌握大体的发展方向即可。当然，我们也不是完全放弃了精确度，只是不再沉迷于此。

（一）允许不精确

对"小数据"而言，最基本、最重要的要求就是减少错误，保证质量。因为收集的信息量比较少，所以我们必须确保记录下来的数据尽量精确。为了使结果更加准确，很多科学家都致力于优化测量工具，发展了可以准确收集、记录和管理数据的方法。在采样的时候，对精确度的要求就更高、更苛刻。因为收集有限的信息意味着细微错误会被放大，甚至有可能影响整个结果的准确性。

因为放松了容错的标准，人们掌握的数据也就多了起来，还可以利用这些数据做更多新的事情。这样就不是大量数据优于少量数据那么简单了，而是大量数据创造了更好的结果。

同时，我们需要与各种各样的混乱做斗争。混乱，简单地说就是随着数据的增加，错误率也会相应增加。所以，如果桥梁的压力数据量增加 1 000 倍的话，其中的部分读数就可能是错误的，而且随着读数量的增加，错误率可能也会继续增加。在整合来源不同的各类信息的时候，因为它们通常不完全一致，所以也会加大混乱程度。混乱还可以指格式的不一致性，因为要达到格式一致，就需要在进行数据处理之前仔细地清洗数据，而这在大数据背景下很难做到。

当然，在萃取或处理数据的时候，混乱也会发生。因为在进行数据转化的时候，我们是在把它变成另外的事物。比如，葡萄是温带植物，温度是葡萄生长发育的重要因素，假设要测量一个葡萄园的温度，但是整个葡萄园只有一个温度测量仪，就必须确保这个测量仪是精确的而且能够一直工作。反过来，如果每 100 棵葡萄树就有一个测量仪，有些测试的数据可能会是错误的，可能会更加混乱，但众多的读数合起来就可以提供一个更加准确的结果。因为这里面包含了更多的数据，而它不仅能抵消掉错误数据造成的影响，还能提供更多的额外价值。

（二）大数据的简单算法与小数据的复杂算法

通过对大数据的集合和整理，政府决策的效率和科学统筹性将会明显提高。主要有以下几点原因：（1）大数据用"全数据"取代了随机样本的"小数据"，其庞大、完整的数据库为高质量决策奠定了坚实的基础；（2）大数据推崇"一秒定律"，即强调对资料整合、数据输出、数据分析必须在瞬间完成，这有助于对问题情境进行即时判断；（3）大数据用简单算法代替小数据的复杂算法，提高了对纷繁而多样化的数据来源的"容错能力"，更适应于具有高度复杂性和高度不确定性的社会治理情境，有助于决策者发现预期之外的新情况和新问题。

大数据以"全体数据"为分析对象的特点，要求信息采集做到全方位、全时段、多元化，这意味着政府必须摆脱其作为绝对信息拥有者的身份，拓展信息挖掘、流通与反馈渠道。这不仅取决于政府主动打破信息壁垒，与社会分享信息权力的意识，取决于政府对提升信息管理能力和升级治理方案的决心与信心，更取决于政府对权力分享与增值形式的认知眼界。大数据技术发展迅猛，为数据采集与共享提供了便利的同时也提高了数据保护的风险。

（三）纷繁的数据越多越好

通常传统的统计学家都很难容忍错误数据的存在，在收集样本的时候，他们会用一整套的策略来减少错误发生的概率。在结果公布之前，他们也会测试样本是否存在潜在的系统性偏差。这些策略包括根据协议或通过受过专门训练的专家来采集样本。但是，即使只是少量的数据，这些规避错误的策略实施起来还是耗费巨大。尤其是当我们收集所有数据的时候，在大规模的基础上保持数据收集标准的一致性不太现实。

如今，我们已经生活在信息时代。我们掌握的数据库越来越全面，它包括了与这些现象相关的大量甚至全部数据。我们不再需要那么担心某个数据点对整套分析的不利影响。我们要做的就是要接受这些纷繁的数据并从中受益，而不是以高昂的代价消除所有的不确定性。

扩展阅读 5.1

炼油厂与大数据

有时候，当我们掌握了大量新型数据时，精确性就不那么重要了，我们同样可以掌握事情的发展趋势。除了一开始会与我们的直觉相矛盾之外，接受数据的不精确和不完美，我们反而能够更好地进行预测，也能够更好地理解这个世界。

值得注意的是，错误性并不是大数据本身固有的特性，而是一个亟须我们去处理的现实问题，并且有可能长期存在。它只是我们用来测量、记录和交流数据的工具的一个缺陷。因为拥有更大数据量所能带来的商业利益远远超过增加一点精确性，所以通常我们不会再花大力气去提升数据的精确性。这也是一个关注焦点的转变，正如以前，统计学家们总是把他们的兴趣放在提高样本的随机性而不是数量上。如今，大数据给我们带来的利益，让我们能够接受不精确的存在了。

（四）5% 的数字数据与 95% 的非结构化数据

据估计，只有 5% 的数字数据是结构化的且能适用于传统数据库。如果不接受混乱，剩下 95% 的非结构化数据都无法被利用，如网页和视频资源。

我们怎么看待使用所有数据和使用部分数据的差别，以及我们怎样选择放松要求并取代严格的精确性，将会对我们与世界的沟通产生深刻的影响。随着大数据技术成为日常生活中的一部分，我们应该开始从一个比以前更大更全面的角度来理解事物，也就是说应该将"样本 = 总体"植入我们的思维中。

相比依赖于小数据和精确性的时代，大数据因为更强调数据的完整性和混杂性，帮助我们进一步接近事实的真相。当我们的视野局限在我们可以分析和能够确定的数据上时，我们对世界的整体理解就可能产生偏差和错误。不仅失去了去尽力收集一切数据的动力，也失去了从各个不同角度来观察事物的权利。所以，局限于狭隘的小数据中，我们可以追求精确性，但是就算我们可以通过分析得到细节中的细节，也依然会错过事物的全貌。

大数据要求我们有所改变，我们必须能够接受混乱和不确定性。精确性似乎一直是我们生活的支撑，但认为每个问题只有一个答案的想法是站不住脚的。

5.2.3　数据的相关关系

在传统观念下，人们总是致力找到一切事情发生背后的原因。然而在很多时候，寻找数据间的关联并利用这种关联就足够了。这些思想上的重大转变导致了第三个变革：我们尝试着不再探求难以捉摸的因果关系，转而关注事物的相关关系。相关关系也许不能准确地告知我们某件事情为何会发生，但是它会提醒我们这件事情正在发生。在许多情况下，这种提醒的帮助已经足够大了。

如果数百万条电子医疗记录显示橙汁和阿司匹林的特定组合可以治疗癌症，那么找出具体的药理机制就没有这种治疗方法本身来得重要。同样，只要我们知道什么时候是买机票的最佳时机，就算不知道机票价格疯狂变动的原因也无所谓了。大数据告诉我们"是什么"而不是"为什么"。在大数据时代，我们不必知道现象背后的原因，我们只要让数据自己发声。我们不再需要在还没有收集数据之前，就把我们的分析建立在早已设立的少量假设的基础之上。让数据发声，我们会注意很多以前从来没有意识到的联系的存在。

（一）关联物——预测的关键

虽然在小数据世界中相关关系也是有用的，但如今在大数据的背景下，通过应用相关关系，我们可以比以前更容易、更快捷、更清楚地分析事物。

所谓相关关系，其核心是指量化两个数据值之间的数理关系。相关关系强是指当一个数据值增加时，另一个数据值很有可能也会随之增加。例如，我们可以寻找关于个人的鞋码和幸福的相关关系，但会发现它们几乎扯不上什么关系。

相关关系通过识别有用的关联物来帮助我们分析一个现象，而不是通过揭示其内部的运作机制。当然，即使是很强的相关关系也不一定能解释每一种情况，比如两个事物看上去行为相似，但很有可能只是巧合。相关关系没有绝对，只有可能性。也就是说，不是亚马逊推荐的每本书都是顾客想买的书。但是，如果相关关系强，一个相关链接成功的概率是很高的。

通过找到一个现象的良好的关联物，相关关系可以帮助我们捕捉现在和预测未来。如果 A 和 B 经常一起发生，我们只需要注意到 B 发生了，就可以预测 A 也发生了。这有助于我们捕捉可能和 A 一起发生的事情，即使我们不能直接测量或观察 A。更重要的是，它还可以帮助我们预测未来可能发生什么。当然，相关关系是无法预知未来的，它只能预测可能发生的事情。但是，这已经极其珍贵了。

在大数据时代，建立在相关关系分析法基础上的预测是大数据的核心。这种预测发生的频率非常高，以至于我们经常忽略了它的创新性。当然，它的应用会越来越多。

在社会环境下寻找关联物只是大数据分析法采取的一种方式。同样有用的一种方法是，通过找出新种类数据之间的相互联系来解决日常需要。例如，一种称为预测分析法的方法就被广泛地应用于商业领域，它可以预测事件的发生。这可以指一个能发现可能的流行歌曲的算法系统——音乐界广泛采用这种方法来确保看好的歌曲是否会流行；也可以指那些用来防止机器失效和建筑倒塌的方法。现在，在机器、发动机和桥梁等基础设施上放置传感器变得越来越平常了，这些传感器被用来记录散发的热量、振幅、承压和发出的声音等。

通过收集所有的数据，我们可以预先捕捉事物要出故障的信号，如发动机的嗡嗡声、引擎过热，都说明它们可能要出故障了。系统把这些异常情况与正常情况进行对比，就会知道什么地方出了毛病。通过尽早地发现异常，系统可以提醒我们在故障之前更换零件或者修复问题。通过找出一个关联物并监控它，我们就能预测未来。

（二）"是什么"，而不是"为什么"

在小数据时代，相关关系分析和因果分析都不容易，耗费巨大，都要从建立假设开始，然后进行实验——这个假设要么被证实要么被推翻。但是，由于两者都始于假设，这些分析就都有受偏见影响的可能，极易导致错误。与此同时，用来做相关关系分析的数据很难得到。

另一方面，在小数据时代，由于计算机能力的不足，大部分相关关系分析仅限于寻求线性关系。而事实上，实际情况远比我们所想象的要复杂。经过复杂的分析，我们能够发现数据的"非线性关系"。

多年来，经济学家和政治家一直认为收入水平和幸福感是成正比的。从数据图表上可以看到，虽然统计工具呈现的是一种线性关系，但事实上，它们之间存在一种更复杂的动态关系。例如，对于收入水平在 1 万美元以下的人来说，一旦收入增加，幸福感会随之提升；但对于收入水平在 1 万美元以上的人来说，幸福感并不会随着收入水平提高而提升。如果能发现这层关系，我们看到的就应该是一条曲线，而不是统计工具分析出来的直线。

这个发现对决策者来说非常重要。如果只看到线性关系的话，那么政策重心应完全放在增加收入上，因为这样才能增加全民的幸福感。而一旦察觉这种非线性关系，策略的重心就会变成提高低收入人群的收入水平，因为这样明显更划算。

在大数据时代，专家们正在研发能发现并对比分析非线性关系的技术工具。一系列飞速发展的新技术和新软件也从多方面提高了相关关系分析工具发现非因果关系的能力。这些新的分析工具和思路为我们展现了一系列新的视野，我们看到了很多以前不曾注意的联系，还掌握了以前无法理解的复杂技术和社会动态。但最重要的是，通过去探求"是什么"而不是"为什么"，相关关系帮助我们更好地了解这个世界。

（三）通过相关关系了解世界

传统情况下，人类是通过因果关系了解世界的。我们的直接愿望就是了解因果关系。即使无因果联系存在，我们也还是会假定其存在。研究证明，这只是我们的认知方式，与每个人的文化背景、生长环境以及教育水平无关。当我们看到两件事情接连发生的时候，我们会习惯性地从因果关系的角度来看待它们。在小数据时代，很难证明由直觉而来的因果联系是错误的。

将来，大数据之间的相关关系，将经常会用来证明直觉的因果联系是错误的。最终也能表明，统计关系也不蕴含多少真实的因果关系。总之，我们的快速思维模式将会遭受各种各样的现实考验。

与因果关系不同，证明相关关系的实验耗资少，费时也少。与之相比，分析相关关系，我们既有数学方法，也有统计学方法，同时，数字工具也能帮我们准确地找出相关关系。

相关关系分析本身意义重大，同时它也为研究因果关系奠定了基础。通过找出可能相关的事物，我们可以在此基础上进行进一步的因果关系分析，如果存在因果关系的话，我们再进一步找出原因。这种便捷的机制通过实验降低了因果分析的成本。我们也可以从相互联系中找到一些重要的变量，这些变量可以用在验证因果关系的实验中去。

例如，Kaggle 公司举办了关于二手车的质量竞赛。二手车经销商将二手车数据提供给参加比赛的统计学家，统计学家们用这些数据建立一个算法系统来预测经销商拍卖的哪些车有可能出现质量问题。相关关系分析表明，橙色的车有质量问题的可能性只有其他车的一半。

这难道是因为橙色车的车主更爱车，所以车被保护得更好吗？或是这种颜色的车子在制造方面更精良些吗？还是因为橙色的车更显眼、出车祸的概率更小，所以转手的时候，各方面的性能保持得更好？

很快，我们就陷入了各种各样谜一样的假设中。若要找出相关关系，我们可以用数学方法，但如果用因果关系，却是行不通的。所以，我们没必要一定要找出相关关系背后的原因，当我们知道了"是什么"的时候，"为什么"其实没那么重要了，否则就会催生一些滑稽的想法。比如在上述的例子里，我们是不是应该建议车主把车漆成橙色呢？毕竟，这样就说明车子的质量更过硬啊！

考虑到这些，如果把以确凿数据为基础的相关关系和通过快速思维构想出的因果关系相比的话，前者就更具有说服力。但在越来越多的情况下，快速清晰的相关关系分析甚至比慢速的因果分析更有用和更有效。慢速的因果分析集中体现为通过严格控制的实验来验证的因果关系，而这必然是非常耗时耗力的。

在大多数情况下，一旦我们完成了对大数据的相关关系分析，而又不再满足于仅仅知道"是什么"时，我们就会继续向更深层次研究因果关系，找出背后的"为什么"。

因果关系将不再被看成是意义来源的基础。在大数据时代，即使很多情况下，我们依然指望用因果关系来说明我们所发现的相互联系，但是，因果关系只是一种特殊的相关关系。相反，大数据推动了相关关系分析。相关关系分析通常情况下能取代因果关系起作用，即使在不可取代的情况下，它也能指导因果关系起作用。

扩展阅读 5.2

案例分析

练习题：

1. 什么是大数据，请举一些典型的例子。

2. 大数据与"小数据"相比，有哪些优势？

扩展阅读 5.3

电子商务网站流量分析

即测即练

微课视频

第6章 创新方法

学习目标

通过本章学习，学员应该能够：

1. 了解四种创新方法；
2. 理解检核表法、奔驰法、5W2H 法、组合法的应用方式。

案例导入

图书馆搬家的故事

大英图书馆老馆年久失修，在新的地方建了一个新的图书馆，新馆建成以后，要把老馆的书搬至新馆。图书馆联系了搬家公司，搬家公司报价 350 万英镑，显然图书馆馆长并不愿意出这么多钱。但不找搬家公司搬，又怎么解决搬家的问题呢？馆长想了很多方案，但都不太好，这让他一筹莫展。

正当馆长苦恼的时候，一个馆员找到他，说有一个解决方案，不过仍然要 150 万英镑。馆长十分高兴，因为图书馆有能力支付这笔钱。"快说出来！"馆长很着急。馆员说："好主意也是商品，我有一个条件。""什么条件？""如果 150 万英镑全部花完了，那权当我给图书馆做贡献了；如果有剩余，图书馆要把剩余的钱给我。""没问题，150 万英镑以内剩余的钱给你，我马上就能做主！"馆长很坚定地说。"那我们来签个合同。"馆员意识到发财的机会来了。合同签订了，不久就实施了馆员的新搬家方案。而 150 万英镑连零头都没有用完。原来，图书馆在报纸上刊登了一条惊人消息："从即日起，大英图书馆免费无限量让市民借阅图书，条件是从老馆借出、还到新馆去。"

【思考题】

很多时候，我们把事情按照常规的思维去解决总得不到好的解决办法，但很多事情往往会有更好的解决方案或处理办法，那创新有方法和规律吗？

6.1 检核表法

6.1.1 检核表法的概念

所谓检核表，就是围绕需要解决的问题或者创新的对象，把事物规律性的东西提炼之后，采用提问的方式，按照顺序把问题一一罗列出来，从而形成一张促进旧思维框架突破、引发新思维产生的一张表格。所谓检核表法，就是运用制作好的检核表，对问题或创新对象进行提问，从而诞生新设想或提出新的解决方案的方法。

扩展阅读 6.1

员工管理检验表

检核表法几乎适用于任何类型与场合的创新活动，不但如此，一旦检核表制作好了，可以反复使用。需要注意的是，检核表在制作过程中，一定要注意科学性、规律性以及能引发思维突破。

6.1.2 世界上第一张检核表——奥斯本检核表

目前，在不同的领域流传着许多检核表，但知名度最高的还是要属奥斯本的检核表，而且后来许多的方法都来源于这张表，因此享有"创新方法之母"的美称。

虽然奥斯本检核表是围绕产品设计进行的，但也可广泛适用于各个领域。

下面是奥斯本检核表的内容：

（1）现有的东西有无其他用途？保持原状不变，能否扩大用途？稍加改变，有无别的用途？运用扩散思维的方法，想方设法广泛开发它的用途。

例如，夜光粉是一种用量少、用途不算广的发光材料，过去多用于钟表和仪表上，后来人们扩大了它的用途，设计出了夜光项链、夜光玩具、夜光壁画、夜光钥匙扣、夜光棒等。还有人制成了夜光纸，将其裁剪成各种形状，贴在夜间或停电后需要指示其位置的地方，如电器开关处、火柴盒上、公路转弯处、楼梯扶手上等。

（2）能否从别处得到启发？能否借用别处的经验和发明？过去有无类似的东西可供模仿？谁的东西可模仿？现有的发明能否引入其他的创造设想之中？

例如，在建房时，要安装水暖设备，经常要在水泥楼板上打洞，既费时又费力。山西省的一位建筑工人设想用能烧穿钢板的电弧机来烧水泥板，经过改造，发明了水泥电弧切割器，在水泥上打洞又快又好。

（3）现有的东西是否可以做某些改变？改变一下会怎样？可改变一下形状、颜色、音响、味道吗？是否可能改变一下型号模具或运动形式？……改变之后，效果如何？

例如，1898 年，亨利·丁根把滚柱轴承中的滚柱改成了圆球，发明了滚珠轴承，大大降低了摩擦力。

（4）现有的东西能不能增加一些东西？能否添加部件、拉长时间、增加长度、提高强度、延长使用寿命，提高价值或加快转速？

例如，在两层玻璃中间加入某些材料，就制成了防弹、防震、防碎的新型玻璃。五年级学生贝明纲在半导体收音机上加装一个磁棒，研制成了无方向半导体收音机。

（5）现在的东西能否缩小体积、减轻重量、降低高度，使之变小、变薄？能否进一步细分？

例如，1950 年荷兰的马都洛夫妇为纪念他们死在"二战"纳粹集中营的爱子，投资以与实物 1∶25 的比例将荷兰典型城镇缩小建成世界上第一个小人国"马都洛丹"（madurodam），从而开创了世界主题公园的先河。中国率先采用这种形式的公园是深圳的"世界之窗"和"锦绣中华"。1989 年"锦绣中华"的开幕为中国大陆园林的发展提供了一种新的方向，也为旅游业的发展提供了一种新的手段，其惊人的游人量和巨大的收益彻底打消了许多人对这种新形式的疑虑。

微型电脑、折叠伞、袖珍词典、迷你汽车等，均是微缩后的产物。但持久的效果来自于创新，纯粹的模仿只能是暂时的成功。

（6）可否用别的东西代替？能否由别人代替，用别的材料代替？用别的方法、工艺代替？用别的能源代替？可否选取其他地点？

例如，瓶盖里过去是用橡胶垫片，后改为低发泡塑料垫片。据统计，仅吉林省一年就可以节约 520 吨橡胶。

（7）有无可互换的成分？可否变换模式？能否更换顺序？可否变换工作规范？

重新安排通常会带来很多的创造性设想。房间内家具的重新布置；商店柜台的重新安排；营业时间的合理调整；电视节目的顺序变动；车间机器设备的布局调整……都可能导致更好的结果。

（8）上下是否可以颠倒？左右、前后是否可以对调位置？里外可否对换？正反可否倒换？可否用否定代替肯定？

这是一种运用反向思维的发明创造技法。小学生一般是先识字后读书，黑龙江省有三所小学的语文课是先读书后识字，在读书过程中，遇到不认识的字，用拼音标注。实验结果表明，二年级的学生识字、阅读、写作水平均超过了三年级学生。

（9）组合起来怎样？能否装配成一个系统？能否把几个目的进行组合？能否将各种想法进行组合？能否将几个部件进行组合？

例如，南京某中学生利用组合的办法，发明了带水杯的调色盘，并将杯子做成可伸缩的，并固定在盘子的中央。用时拉开杯子，不用时倒掉水，使杯子收缩。

6.1.3 检核表法的应用步骤

为了把奥斯本检核表学得更好一些，更实用、方便地指导我们的生活和工作，可以把其中的设问项选择几项，进行反复练习，做到得心应手。

除了这张奥斯本检核表的练习之外，更重要的是我们要学会自己编制检核表。也就是说，当遇到问题时，尤其是遇到同类的问题时，可以通过检核表来迅速找到解决问题的思路。

扩展阅读 6.2

其他几种检核表

在练习使用和制定检核表的过程中，有两个问题很重要，那就是问题意识和想象力。若没有这两点，检核表的设问只是简单的语言启示，不可能产生广泛的联想，也就会降低创新的价值。

检核表的制定程序如下：

（1）明确所要解决的问题；

（2）收集与问题相关的各种资料和信息；

（3）找到解决问题的一般思路和步骤；

（4）运用扩散思维、求异思维等提示可能的设想方案；

（5）列出相关的检核表。

6.2 奔驰法

6.2.1 奔驰法的定义

奔驰法的英文名是 SCAMPER，SCAMPER 是七个中文词组的英文词组缩写，分别是替代（substituted）、整合（combined）、调整（adapt）、修改（modify）、另用（put to other uses)、消除（eliminate）、逆反（rearrange），这七个短语同时也代表着七个解决问题的方向。

6.2.2 奔驰法的应用步骤

通常，我们通过以下四步来实现奔驰法的应用：

（1）出现有产品或服务让团队止步不前的问题、障碍、困惑等；

（2）根据需要创造的对象或需要解决的问题来设计问题；

（3）把问题逐项加以讨论、研究，从中获得解决问题的方法和创造发明的设想；

（4）评估可行方案，落实流程改善或进行产品改良。

6.2.3 奔驰法应用指南

1. 替代

这里需要考虑的总体问题是：何物可被取代？

寻找当前选项的替代选项。这些替代选项可以是人、物或方案等一切等同于现有选项的东西，如产品的替代材料、服务的替代方案以及后备人员等。

具体的思考清单如下。

（1）可以对零件进行替换吗？

（2）可以更换哪部分工作人员？

（3）可以更改规则吗？

（4）可以更改成分或材料吗？

（5）可以使用别的方法吗？

（6）可以改变形状、颜色、粗糙度、声音或气味吗？

（7）可以把这个想法用在其他项目上吗？

（8）可以改变自己的感受或态度吗？

……

2. 整合

这里需要考虑的总体问题是：可与何物合并而成为一体？

将现有产品和别的产品或系统结合在一起使用，或者能否与其他产品合并而成为一个整体？

具体的思考清单如下。

（1）组合起来怎么样？

（2）能否装配成一个系统？

（3）可以将各种想法进行综合吗？

（4）可以把目的进行组合吗？

（5）可以把各种部件进行组合吗？

（6）可以合并哪些流程或步骤？

（7）为了降低生产成本，我可以合并哪些方面？

（8）可以在哪里建立协同？

……

3. 调整

这里需要考虑的总体问题是：原物是否有需要调整的地方？然后，找出所有可以调整的选项。

具体的思考清单如下。

（1）可否改变一下形状、颜色、音响、味道？

（2）是否可改变一下意义、型号、模具、运动形式？

（3）能否更换一下先后顺序？

（4）可否调换元件、部件？

（5）是否可用其他型号，可否改成另一种安排方式？

（6）原因与结果能否对换位置？

（7）能否变换一下日程？

……

4. 修改

这里需要考虑的总体问题是：可否改变原物的某些特质，如意义、颜色、声音、形式等？修改现有的所有或部分选项，重新组合出新产品。

具体的思考清单如下。

（1）能否添加部件，并使添加后的物品拉长时间，增加长度，提高强度、延长使用寿命、提高价值？

（2）现在的东西能否缩小体积、减轻重量、降低高度？

（3）能否进一步细分？

（4）能否添加额外的功能？

（5）能否扩大目标群体？

......

5. 另用

这里需要考虑的总体问题是：可有其他非传统的用途？不断寻找现有产品的新用途，将现有产品推广到新地方。

具体的思考清单如下。

（1）它可以用在哪些地方呢？

（2）是否有新的方式来使用它？

（3）扩展以后是否还有其他用途？

（4）是否还有其他市场呢？

（5）哪些目标群体可以从该产品中受益？

（6）还有谁可能会使用它？

（7）它能让原本不打算使用它的人使用吗？

......

6. 消除

这里需要考虑的总体问题是：可否将原物变小、浓缩，或省略某些部分、使其变得更完备、更精致？消除不必要的选项，减少不需要的功能。

具体的思考清单如下。

（1）可以消除或简化哪些内容？

（2）可以减少时间或其他组件吗？

（3）如果删除某一部分会发生什么？

（4）哪些是必要的或不必要的？

（5）可以取消这些规则吗？

......

7. 逆反

这里需要考虑的总体问题是：可否重组或重新安排原物的排序？

具体的思考清单如下。

（1）颠倒过来会怎么样？

（2）上下是否可以倒过来？

（3）左右、前后是否可以对换位置？

（4）里外可否倒换？

（5）正反是否可以倒换？

（6）可否用否定代替肯定？

（7）可以有其他的顺序或者构造吗？

……

扩展阅读 6.3

奔驰法应用案例

8. 由来

这个检查列表最早是为头脑风暴设计的，旨在激活参与人员思路，起发散思维的作用；心理学家罗伯特·艾伯尔总结了这些列表并作出最终的解释。目前奔驰法主要用在产品改造和服务升级的过程中，但它对普通问题的解决也有帮助作用。

6.3　5W2H 法

5W2H 是从 5W1H 法发展而来的创新方法，又叫七问分析法。5W2H 法简单、方便，易于理解、使用，富有启发意义，广泛用于企业管理和技术活动，对于决策和执行性的活动措施也非常有帮助，也有助于弥补考虑问题的疏漏。

6.3.1　5W2H 法的内涵

5W2H 法是对选定的项目、工序或操作，从原因（why）、对象（what）、地点（where）、时间（when）、人员（who）、方法（how）、多少（how much）七个方面提出问题并进行思考。这一创新技法在企业管理、生产生活、教学科研等方面被广泛应用。专业技术人员在运用 5W2H 法时，应从以下七方面来分析。

1. 对象（what）——什么事情

公司生产什么产品？车间生产什么零配件？是什么方法？ 是什么材料？ 是什么条件？ 是什么功能？

2. 场所（where）——什么地点

在哪里研究？在哪里试验？在哪里干？ 资源在哪里找？在哪里推广？

3. 时间和程序（when）——什么时候

这个工序或者零部件是在什么时候开始干的？ 什么时候结束？什么时间是关键节

点？能不能在其他时候干？把后面的工序提前做行不行？到底应该在什么时间干？

4. 人员（who）——责任人

这个事情是谁在干？由谁来主管、监督、协助？为什么要让他干？如果他既不负责任，脾气又很大，是不是可以换个人？

5. 为什么（why）——原因

为什么采用这个技术参数？为什么不能有变动？为什么不能使用？为什么变成红色？为什么要做成这个形状？为什么用机器代替人力？为什么非做不可？

6. 方式（how）——如何

手段也就是工艺方法。例如，我们是怎样干的？为什么用这种方法来干？是否有其他更简单的方法？为什么会出现这样的结果？到底应该怎么做？有时候方法一改，全局就会改变。

7. 数量（how much）——多少

做到什么程度？数量如何？质量水平如何？费用产出如何？

5W2H法就是对工作进行科学地分析，常常被运用于制订计划与草案和对工作的分析与规划中，这种思维方法极大地方便了人们的工作、生活，并能使我们工作有效地执行，从而提高效率。

6.3.2　5W2H 法优势

如果现行的做法或产品经过七个问题的审核已无懈可击，便可认为这一做法或产品可取。如果七个问题中有一个答复不能令人满意，则表示还有改进余地。如果哪方面的答复有独创的优点，则可以扩大产品这方面的效用。新产品已经克服原产品的缺点，扩大原产品独特优点的效用。5W2H法的优势有以下几点。

（1）可以准确界定、清晰表述问题，提高工作效率；

（2）有效掌控事件的本质，完全地抓住了事件的主骨架；

（3）简单、方便，易于理解、使用，富有启发意义；

（4）有助于思路的条理化，杜绝盲目性；有助于全面思考问题，从而避免在流程设计中遗漏项目。

6.3.3　5W2H 法的特征及作用

5W2H 法的特征是为问题构建一个系统。

众所周知，提出一个好的问题，就意味着问题解决了一半。提问题的技巧高，可以发挥人的想象力。相反，有些问题提出来，反而会挫伤我们的想象力。如果问题有一个框架，可以提高提问者的水平。发明者在设计新产品时，围绕着 5W2H 法的总框架，会让问题更系统、更有针对性。如果提问题中常有"假如……""如果……""是否……"这样的虚构，会让问题变得凌乱，没有中心。

从根本上说，学会发明首先要学会提问，善于提问。阻碍提问的因素，一是怕提问多，被别人看成什么也不懂的傻瓜；二是随着年龄和知识的增长，提问欲望渐渐淡薄。如果提问得不到答复和鼓励，反而遭人讥讽，结果在人的潜意识中就形成了这种看法：好提问、好挑毛病的行为会扰乱别人，但是这恰恰阻碍了人的创造性的发挥。

6.3.4　5W2H 法的应用

5W2H 法是把发生问题现象的原因有规则、按顺序、毫无遗漏地找出来，并追究其原因的分析方法。在实际工作生活中加以利用，更能快速找到问题的关键。我们用以下的例子来深入剖析 5W2H 法在实际工作中是如何应用的。

坐落于华盛顿广场的杰斐逊纪念馆，是美国的一座重要建筑物。由于年久失修，建筑物外墙出现脱落，并产生裂缝，墙面斑驳陈旧。最初大家认为损害建筑物的元凶是酸雨，采用多种方法也无法遏止情况的恶化，最后请来一个专家组对此进行彻底地调查。

1. 为什么纪念馆墙壁产生裂缝？

纪念馆的外墙之所以出现脱落和裂纹，是由于每天冲洗墙壁的洗涤剂对建筑物有酸蚀作用。

2. 为什么每天都要对墙壁进行冲洗？

因为墙壁上每天都落有大量的鸟粪。

3. 为什么有这么多的鸟粪呢？

因为墙壁的周围聚集了大量的燕子。

4. 为什么燕子喜欢聚集到这里呢？

因为墙上有燕子喜欢吃的蜘蛛。

5. 为什么会有这么多蜘蛛？

因为墙壁四周有蜘蛛喜欢吃的飞虫。

6. 为什么会有那么多飞虫呢？

因为飞虫在这里繁殖特别快。从窗子照射进来的充足的阳光，正好形成了特别刺激飞虫繁殖兴奋的温床，再加上灰尘、湿度的配合，大量飞虫聚集在此。由此提供了蜘蛛超常集中的美餐。蜘蛛的超常聚集，吸引了燕子的聚集，燕子以蜘蛛为食，墙壁上就会落有大量鸟粪……

解决问题的结论是：拉上窗帘。

从上面的事例不难看出，5W2H 法有利于帮助主体在创新活动中，提升逻辑性思维的指导能力、改善判断力，准确了解创新活动中各个环节的内容，深挖产生问题的原因，通过理性分析，得出结论，防止问题的再次发生。

6.4　组合创新法

在奥地利经济学家约瑟夫·熊彼特的理论中，创新是对"生产要素的重新组合"。英国学者布莱基曾说："组织得好的石头能成为建筑，组织得好的社会规则能成为宪法，组织得好的词汇能成为漂亮的文章，组织得好的想象和激情能成为优美的诗篇。"组合的可能性无穷无尽，因此运用组合创新法，可以形成无数的新设想、新产品。

6.4.1　组合创新法的定义

所谓组合，就是把两种或两种以上的技术、理论、产品进行简单的叠加，以形成新的技术、新的理论、新的产品。组合创新技法也就是指利用创新思维将已知的若干事物合并成一个新的事物，使其在性能和服务功能等方面发生变化，以产生出新的价值。组合方法有主体添加、焦点组合、同类组合、异类组合、系统组合等。

自 20 世纪 50 年代以来，技术发展形势由单项突破转向多项组合，独立的技术发明相对减少，"组合型"的技术创新相对增多。统计资料表明，现在世界上每年产生的创造发明，70% 是靠组合完成的。例如，美国"阿波罗"登月计划，可谓当代世界最大型的发明创造。其负责人直言不讳地讲："'阿波罗'宇宙飞船技术，没有一项是新的突破，都是现有技术，问题的关键在于能否把它们精确无误地组合好"。因而有人预言，"组合"代表着技术发展的趋势。组合思维是创新思维的主要形式之一。

6.4.2 组合创新法的实现方式

（一）主体添加

主体添加法是以某种事物为主体，再添加另一种附属事物，以实现组合创新的技法。在琳琅满目的市场上，我们可以发现大量的商品是采用这一技法创造的，如为照相机加闪光灯、为电视机加遥控器、为铅笔加橡皮等。

运用主体添加法的实例还有滚动螺旋传动（滚珠丝杠）。螺旋传动是一根螺杆在螺母中转动，使螺杆与螺母之间产生相对运动，带动与螺母相连的工作部件移动。由于是滑动摩擦，摩擦力大、效率低、磨损大。后来人们在螺杆与螺母之间添加小滚珠，把滑动摩擦变成滚动摩擦，摩擦力小、效率高、寿命长。这就是滚珠丝杠（螺杆），它被广泛应用于机床、汽车、航空等许多领域里的传动系统中。

（二）焦点组合

焦点组合法就是选定一个主题，是已有事物或新的事物（新技术），以它为焦点，运用发散、联想思维，寻找它可能与哪些事物组合在一起，从而构成一种新事物。

以超声波为主题，超声波与下列传统技术进行组合，形成新技术：与诊断组合形成"B 超"，检查人体腹腔疾病；与焊接组合形成超声波焊接，焊接薄板；与洗涤组合形成超声波洗衣机、超声波清洗机；与测量组合形成超声波测量，进行深海海底测量；与缝纫机组合形成超声波缝合机；与钻孔组合形成超声波钻孔器，可在牙步，钻石上打引；与控测组会形成超声波探鱼器，探测深海鱼群。

（三）同类组合

同类组合法是将同类型或相似的事物组合，形成一种新事物的创新技法，如多头插座、双色圆珠笔、排箫、双人或三人自行车等。例如，汽车传动轴上的万向联轴节有一个缺点，就是输入轴的转速均匀，输出轴的转速不均匀，这就成了问题。但是，把两个联轴节串起来使用，输出轴的转速就均匀了。所以，汽车传动轴的两头各装有一个万向联轴节。这就是同类组合。

（四）异类组合

异类组合法又称异物组合法，将两种或两种以上的产品、设想或技术思想进行有机组合，产生一种新的物品、设想或技术思想的技法。这种技法是将研究对象的各个部分、各个方面和各种要素联系起来加以考虑，从而在整体上把握事物的本质和规律，体现了综合就是创造的原理。异类组合法和主体添加法在形式上很相近，但又有区别，主体添加法是一种简单要素的补充，而异类组合法是若干基本要素的有机综合，如将钢筋、水泥、石子、水进行组合就形成了混凝土。

（五）重组组合

任何事物都可以看作是由若干要素构成的整体。各组成要素之间的有序结合，是确保事物整体功能和性能实现的必要条件。如果有目的地改变事物内部结构要素的次序，并按照新的方式进行重新组合，以促使事物的性能发生变化，这就是重组组合。

扩展阅读6.4

组合法创新案例

田忌赛马的故事，就是运用重组组合法的一个典型的例子。孙膑其实并没有更换田忌的马，还是原来的马，只不过是比赛的时候换了一下出场顺序，重组组合。孙膑建议田忌用下等马对付齐威王的上等马，用上等马对付中等马，用中等马对付下等马，三场比赛结束后，田忌一场败而两场胜，最终赢得齐威王的千金赌注。

人类的许多创造成果来源于组合。20世纪后半叶，世界重大创新发明成果80%以上是组合成果，可见组合创新法在创新活动中占有重要地位。爱因斯坦曾说："我认为，一个为了更经济地满足人类的需要而找出已知装备的新的组合的人就是发明家。"因此，组合创新法是创新主体需要掌握的一种基本发明创造技能。

练习题：

1. 有哪些常见的创新方法？

2. 组合创新法有哪些常见的实现方式？

扩展阅读6.5

CT 的问世

即测即练

微课视频

第7章 技术创新方法 TRIZ

学习目标

通过本章学习，学员应该能够：

1. 了解 TRIZ 起源与发展；

2. 理解 TRIZ 的核心概念。

案例导入

2021年中国取得了举世瞩目的科技成就

2021 年是"十四五"开局之年。这一年，我国重大创新成果竞相涌现，创新能力持续提升，创新的"脉动"尤为强劲。

放眼"深蓝"，"海牛Ⅱ号"钻机钻出 231 米的新纪录；遥望星空，海洋一号 D 卫星和海洋二号 C 卫星"闪耀"星河；挺进山川河流，金沙江白鹤滩水电站里，浪花飞溅、电流穿梭，全球单机容量最大功率百万千瓦水轮发电机组投产发电……

征途漫漫，唯有奋斗！面向世界科技前沿、面向经济主战场、面向国家重大需求、面向人民生命健康，创新是不竭动力，科技自立自强是时代使命。

【思考题】

中国近年来为什么能取得诸多的科技创新？

7.1 TRIZ

7.1.1 TRIZ 起源与发展

TRIZ 是俄文的英文音译 Teoriya Resheniya Izobreatatelskikh Zadatch 的缩写，其英文全称是 Theory of the Solution of Inventive Problems（发明问题的解决理论）。"发明问题的解决理论"有两个基本含义：表面的意思是强调解决实际问题，特别是发明问题；隐含的意思是：由解决发明问题而最终实现（技术和管理）创新，因为解决问题就是要实现发明的实用化，这符合创新的基本定义。

75 年前（1946 年），苏联军方技术人员、发明家根里奇·阿奇舒勒和他的同事们在研究了来自于世界各国的上百万个专利（其中包含二十多万个高水平发明专利）的基础上，提出了的一套体系相对完整的"发明问题解决理论"，为 TRIZ 的问世和发展奠定了基础。

7.1.2 理论体系

阿奇舒勒在分析专利的过程中，从不同的角度，利用不同的分析方法对这些专利进行分析，总结出了多种规律。如果按照抽象程度由高到低进行划分，可以将经典 TRIZ 中的这些规律表示为一个金字塔结构，如图 7-1 所示。

图 7-1　经典 TRIZ 中的规律

随着 TRIZ 的不断发展和完善，TRIZ 不仅增加了很多新发现的规律和方法，还从其他学科和领域中引入了很多新的内容，从而极大地丰富和完善了 TRIZ 的理论体系。经典 TRIZ 的理论体系如图 7-2 所示。

从图 7-2 中可以看出：

（1）TRIZ 的理论基础是自然科学、系统科学和思维科学；

（2）TRIZ 的哲学范畴是辩证法和认识论；

（3）TRIZ 来源于对海量专利的分析和总结；

（4）TRIZ 的理论核心是技术系统进化法则；

（5）TRIZ 的基本概念包括进化、理想度、系统、功能、矛盾和资源；

（6）TRIZ 的创新问题分析工具包括根本原因分析、功能分析、物场分析、资源分划和创新思维方法；

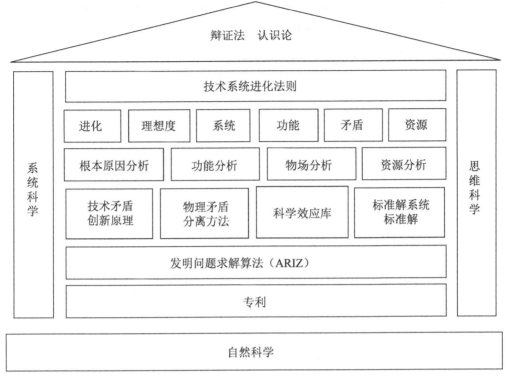

图 7-2　TRIZ 中的理论体系结构

（7）TRIZ 的创新问题求解工具包括发明原理、分离方法、科学效应库、标准解系统及创新思维方法；

（8）TRIZ 的创新问题通用求解算法是发明问题求解算法。

7.1.3　发展历程

1946 年，作为苏联里海舰队专利部的一名专利审查员，阿奇舒勒有机会接触并对大量的专利进行分析研究。在研究中阿奇舒勒发现，发明是有一定规律的，掌握这种规律有助于做出更多、更高级别的发明。从此，阿奇舒勒共花费了将近 50 年的时间，揭示出隐藏在专利背后的规律，构建了 TRIZ 的理论基础，创立并完善了 TRIZ。

在阿奇舒勒看来，人们在解决发明问题过程中所遵循的科学原理和技术进化法则是一种客观存在。大量发明所面临的基本问题是相同的，其所需要解决的矛盾（在 TRIZ 中称为技术矛盾和物理矛盾），从本质上说也是相同的。同样的技术创新原理和相应的解决问题的方案会在后来的一次次发明中被反复应用，只是被使用的技术领域不同而已。因此，将那些已有的知识进行整理和重组，形成一套系统化的理论，就可以用来指导后来者的发明和创造。正是基于这一思想，阿奇舒勒与苏联的科学家们一起，对数以百万计的专利文献和自然科学知识进行研究、整理和归纳，最终建立起一整套系统化的、实用的解决发明问题的理论和方法体系，如图 7-3 所示。

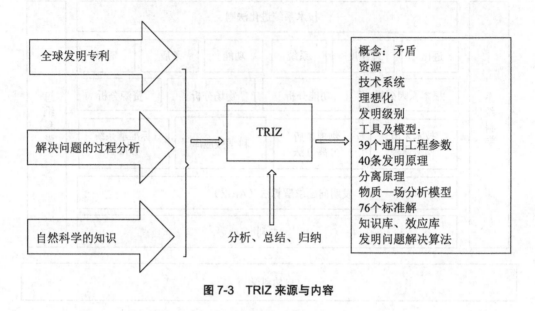

图 7-3　TRIZ 来源与内容

在 20 世纪 90 年代初、中期，随着部分 TRIZ 研究人员移居到欧美，TRIZ 才系统地传至西方并引起学术界和企业界的关注。特别是在 TRIZ 传入美国后，在密歇根州等地成立了 TRIZ 研究咨询机构，继续对 TRIZ 进行深入的研究，使 TRIZ 得到了更加广泛的应用和发展。

2008 年，国家科技部、发展改革委、教育部、中国科协联合发布了《关于加强创新方法工作的若干意见》，明确了创新方法工作的指导思想、工作思路、重点任务及其保障措施等。截至目前，全国已分批在几乎所有省（自治区、直辖市）开展了以 TRIZ 理论体系为主的创新方法的推广应用工作。

7.2　TRIZ 核心概念

学习 TRIZ，首先需要了解它的基本概念，包括 TRIZ 中的一些通用表述名词及其含义，如技术系统、功能、矛盾、理想度等，以便于进一步深入学习 TRIZ 中的工具和方法。

7.2.1 技术系统

"系统"一词源于古希腊语，是由部分构成整体的意思。亚里士多德曾说："整体大于部分之和。"由此可见，对系统的研究从古代就已经开始了。"宇宙、自然、人类，一切都在一个统一的运转系统之中！世界是关系的集合体，而非实物的集合体。"这是人们早期对系统最朴素的认知。随着人们对自然系统认知的加深，形成了系统的原始概念。再由自然系统到人造系统和复合系统，逐渐深入，形成了系统的概念。

对自然科学学科和工程技术的研究表明：任何系统（生物学系统、技术系统、信息系统、社会系统等）的发展在本质上都是相同的。人类通过研究，已经建立了关于生物学系统和经济系统的进化理论，而对技术系统的类似研究才刚刚开始。

研究表明，作为一类特殊的系统，与自然系统（如自然生态系统、天体系统等）相比，技术系统具有如下两个鲜明的特征：

（1）技术系统是一种"人造"系统。不同于自然系统，技术系统是人类为了实现某种目的而创造出来的。因此，技术系统与自然系统的最大差别就是明显的"人为"特征。

（2）技术系统能够为人类提供某种功能。人类之所以创造某种技术系统，就是为了实现某种功能。因此，技术系统具有明显的"功能"特征。在对技术系统进行设计、分析的时候，应该牢牢地把握住"功能"这个概念。

于是，我们对技术系统的定义如下：技术系统是指人类为了实现某种功能而设计、制造出来的一种人造系统。

作为一种特殊的系统，技术系统符合系统的定义，具有系统的 5 个基本要素（输入、处理、输出、反馈和控制），也具有系统应该拥有的所有特性。

技术系统是相互关联的组成成分的集合。同时，各组成成分有其各自的特性，而它们的组合具有与其组成成分不同的特性，用于完成特定的功能。技术系统是由要素组成的，若组成系统的要素本身也是一个技术系统，即这些要素是由更小的要素组成的，称之为子系统。反之，若一个技术系统是较大技术系统的一个要素，则称较大系统为超系统。这是技术系统的层次性。技术系统进化是指实现技术系统功能的各项内容从低级向高级变化的过程。

例如，汽车是一个技术系统，它的子系统有汽车发动机、汽车轮胎、外壳等，同时还可以把整个交通系统看作是它的超系统。而如果汽车发动机是一个技术系统，它的子系统就有变速齿轮、引擎、传动轴等，汽车则是它的超系统。

7.2.2 功能

19世纪40年代，美国通用电气公司的工程师迈尔斯首先提出功能（function）的概念，并把它作为价值工程研究的核心问题。

功能的由来有两种：一种是人们的需求，另一种是人们从实体结构中抽象出来的。人们的需求是主动地提出功能，从结构中抽象是被动地挖掘出功能。比如汽车、飞机的出现，最初不是人们想要利用其运载人或物，而是随着时代的发展，人们逐渐发掘出其功能。因此，广义的功能定义为：研究对象能够满足人们某种需要的一种属性。例如，冰箱具有满足人们"冷藏食品"属性，起重机具有帮助人们"移动物体"的属性。企业生产的实际上是产品的功能，用户购买的实际上也是产品的功能。

在TRIZ中，功能是产品或技术系统特定工作能力抽象化的描述，它与产品的用途、能力、性能等概念不尽相同。例如，钢笔的用途是写字，而功能是存送墨水；铅笔的用途是写字，而功能是摩擦铅芯；毛笔的用途是写字，而功能是浸含墨汁。

任何产品都具有特定的功能，功能是产品存在的理由，产品是功能的载体；功能附属于产品，又不等同于产品。

功能的描述应符合以下要求：

（1）简洁准确。简洁、明了地描述某个功能，能准确地反映该功能的本质，与其他功能明显地区别开来。例如，传动轴的功能是"传递扭矩"，变压器的功能是"转换电压"。对动词部分要求概括明确，对名词部分要求便于测定。

（2）定量化，是指尽量使用可测定数量的语言来描述功能。定量化是为了表述功能实现的水平或程度。当然在许多情况下，是很难对功能进行定量化描述的。

（3）抽象化。功能的描述应该有利于打开设计人员的设计思路，描述越抽象，越能促进设计人员开动脑筋，寻求种种可能实现功动能的方法。例如，设计夹具的时候，可以有多种夹紧方式，如果描述为"机械夹紧"，则会使人想到"螺旋夹紧""偏心夹紧"等方法。如果抽象一点，描述为"压力夹紧"，则会使人想到气动、液动、电动等许多方式，那么设计的方案会更丰富。

（4）考虑约束条件。要了解可靠地实现功能所需要的条件，其中包括：功能的承担对象是什么（what）、为什么要实现（why）、由什么要素来实现（who）、在什么时间实现（when）、什么位置实现（where）、如何实现（how）、实现程度如何（how much）？虽然这些条件在描述功能时都已省略，但是绝不能忘却这些条件。

作为TRIZ的基础，阿奇舒勒通过对功能的研究发现了如下的3条定律：

（1）所有的功能都可分解为 3 个基本元件；

（2）一个存在的功能必定由 3 个基本元件构成；

（3）将相互作用的 3 个基本元件有机组合，将产生一个功能。

7.2.3　矛盾与冲突

在现实生活中，人们用"矛盾"来比喻相互抵触、互不相容的关系。在工程中同样存在矛盾。比如在飞机制造中，为了增加飞机外壳的强度，很容易想到的方法是增加外壳的厚度。但是厚度的增加势必会造成重量的增加，而重量增加却是飞机设计师们最不想见到的。在很多其他行业中，这样的矛盾也十分常见。

TRIZ 中的技术问题可以定义为技术矛盾和物理矛盾。

技术矛盾描述的是两个参数的矛盾，是指为了改善系统的一个参数而导致了另一个参数的恶化。例如，改善汽车的速度会导致安全性发生恶化，这个例子中涉及的两个参数是速度和安全性。

所谓物理矛盾就是针对系统的某个参数提出两种不同的要求。当对一个系统的某个参数具有相反的要求时就出现了物理矛盾。例如，飞机的机翼应该尽量大，以便在起飞时获得更大的升力；飞机的机翼应该尽量小，以便减少在高速飞行时的阻力。可见，物理矛盾是对技术系统的同一参数提出相互排斥的需求时出现的一种物理状态。

通过对大量发明专利的研究，阿奇舒勒发现，真正的"发明"（指发明级别为第二、第三和第四级的专利）往往都需要解决隐藏在问题当中的矛盾。于是，阿奇舒勒提议：是否出现矛盾（又称"冲突"，冲突可以理解为是必须解决的矛盾）是区分常规问题与发明问题的一个主要特征。如果问题中不包含矛盾，那么这个问题就不是一个发明问题或 TRIZ 问题。与一般性的设计不同，只有在不影响系统现有功能的前提下成功地消除矛盾，才认为是发明性地解决了问题。也就是说，矛盾应该是这样解决的：在完善技术系统的某一部分或优化某一参数的同时，其他部分的功能或其他参数不会被影响。

7.2.4　理想度、理想系统与最终理想解

对于理想度（ideality）的定义，阿奇舒勒是这样描述的，即：系统中有益功能的总和与系统有害功能和成本的比率。阿奇舒勒在研究中发现，所有的技术系统都在沿着增加其理想度的方向发展和进化。

（一）理想度

技术系统的理想度越高，产品的竞争能力越强。可以说，创新的过程就是提高系统理想度的过程。因此，在发明创新中，应以提高理想度的方向作为设计的目标。人类不断地改进技术系统使其速度更快、更好和更廉价的本质就是提高系统的理想度。以理想度的概念为基础，引出理想系统和最终理想解的概念。

每个技术系统之所以被设计、制造，就是为了提供一个或多个有用功能。一个技术系统可以执行多种功能，在这些有用功能中，有且只有一个最有意义的功能，这个功能是技术系统存在的目的，称为主要功能，也被称为基本功能。另外，为了使主要功能得以实现，或提高主要功能的性能，技术系统往往还会具有多个辅助性的有用功能，称为辅助功能或称伴生性功能。同时，每个技术系统也会有一个或多个我们所不希望出现的效应或现象，称为有害功能。

例如，坦克的主要功能是消灭敌人。同时，为了使这个主要功能得以实现，且能够更好地实现，坦克还需要防护、机动、瞄准、自动装弹等有用功能的辅助。在实现有用功能的同时，坦克在运行过程中也会引起空气污染，放出大量的热，产生振动，发出噪声，这些在 TRIZ 中都被看作是有害功能。

对于一个技术系统来说，从它诞生的那一刻起，就开始了其进化的过程。在进化过程中具体表现为：在质量上，有用功能越来越强，有害功能越来越弱。在数量上，技术系统能够提供的有用功能越来越多，所伴生的有害功能越来越少。

下面的公式就是理想度的定义，它表示了技术系统的进化趋势：

$$I = \frac{\sum\limits_{i=1}^{\infty} ui}{\left(\sum\limits_{j=1}^{0} cj + \sum\limits_{k=1}^{0} hk\right)} = \infty$$

其中，I 为理想度，u 为有用功能，c 为成本，h 为有害功能；i 为变量 u 的数量；j 为变量 c 的数量，k 为变量 h 的数量。从上式可以看出，随着技术系统的进化，系统的理想度不断增大，最终趋向于无穷大。

将上式中的有用功能用技术系统的效益来表示，将系统的成本细化，如时间、空间、能量、重量。上式明确指出了在技术系统的进化过程中，其效益不断增加，有害作用不断降低，成本不断减小（系统实现其功能所需要的时间、空间、能量等不断减少，同时，系统的体积和重量也不断减小），系统的理想度不断增大，最终趋向于无穷大。

根据定义，可以用以下 3 种方法来提高系统的理想度：

（1）增加有用功能；

（2）降低有害功能或成本；

（3）将上述（1）与（2）结合起来。

（二）理想系统

随着技术系统的不断进化，其理想度会不断提高。当技术系统的有用功能趋向于无穷大，有害功能为零，成本为零的时候，就是技术系统进化的终点。此时，由于成本为零，所以技术系统已经不再具有真实的物质实体，也不消耗任何的资源。同时，由于有用功能趋向于无穷大，有害功能为零，表示技术系统不再具有任何有害功能，且能够实现其应该实现的一切有用功能。这样的技术系统就是理想系统（ideal system）。

在 TRIZ 中，理想系统是指，作为物理实体它并不存在，也不消耗任何的资源，但是却能够实现所有必要的功能，即系统的质量、尺寸、能量消耗无限趋近于零，系统实现的功能趋近于无穷大。因此，也可以说，理想技术系统没有物质形态（即体积为零，重量为零），也不消耗任何资源（消耗的能量为零，成本为零），却能实现所有必要的功能。

理想系统只是一个理论上的、理想化的概念，是技术系统进化的极限状态，是一个在现实世界中永远也无法达到的终极状态。但是，理想系统就像北极星一样，为设计人员和发明家指出了技术系统进化的终极目标，是寻找问题解决方案和评价问题解决方案的最终标准。

（三）最终理想解

产品创新的过程，就是产品设计不断迭代，理想化的水平不断由低级向高级演化的过程，无限接近理想状态。当设计人员不需要额外的花费就实现了产品的创新设计时，这状况就称为最终理想结果，或者，基于理想系统的概念而得到的针对一个特定技术问题的理想解决方案称为最终理想解。

最终理想解的实现可以这样来表述：系统自身能够实现需要的动作，并且同时没有有害作用的参数。通常最终理想解的表述中需包含以下两个基本点：系统自身实现这个功能；没有利用额外的资源，并且实现了所需的功能。

最终理想解是从理想度和理想系统延伸出来的一个概念，是用于问题定义阶段的一种心理学工具，是一种用于确定系统发展方向的方法。它描述了一种超越了原有问题的机制或约束的解决方案，指出了在使用 TRIZ 工具解决实际技术问题时应该努力的方向。这种解决方案可以看作与当前所面临的问题没有任何关联的、理想的最终状态。

例如，高层建筑物玻璃窗的外表面需要定期清洗。目前，清洁工作需要在高层建筑物的外面进行，是一种高危险、高成本的工作，只有那些经过特殊培训和认证的"蜘蛛人"能够胜任。能不能在高层建筑物的内部对玻璃进行清洁呢？针对该问题，其最终理想解可以定义为：在不增加玻璃窗设计复杂度的情况下，在实现玻璃现有功能且不引入新的有害功能的前提下，玻璃窗能够自己清洁外表面。

通过这个例子可以看出，最终理想解是针对一个已经被明确定义出来的问题，所给出的一种最理想的解决方案。通过将问题的求解方向聚焦于一个清晰可见的理想结果。最终理想解为后续使用其他 TRIZ 工具来解决问题创造了条件。

最终理想解的确定和实现可以按下面提出的问题，分作 6 个步骤来进行：

（1）设计的最终目的是什么；

（2）最终理想解是什么；

（3）达到最终理想解的障碍是什么；

（4）出现这种障碍的结果是什么；

（5）不出现这种障碍的条件是什么；

（6）创造这些条件时可用的资源是什么。

上述问题一旦被正确地理解并描述出来，问题也就得到了解决。当确定了创新产品或技术系统的最终理想解后，检查其是否符合最终理想解的特点，并进行系统优化，以达到或接近最终理想解为止。

最终理想解同时具有以下 4 个特点：

（1）保持了原系统的优点；

（2）消除了原系统的不足；

（3）没有使系统变得更复杂；

（4）没有引入新的不足。

因此，设定了最终理想解，就设定了技术系统改进的方向。以定义最终理想解作为解决问题的开端有以下好处：

（1）有助于产生突破性的概念解决方案；

（2）避免选择妥协性的解决方案；

（3）有助于通过讨论来清晰地设立项目的边界。

7.3　TRIZ 的应用

利用 TRIZ 理论解决发明问题时，一般过程可以分为以下几个步骤：

（1）对给定问题的性质进行分析，如果发现问题存在冲突，则应用"原理"去解决；如果问题明确，但不知道该如何处理，则应用"效应"去解决；如果是对系统的进化过程进行分析，就应用"预测"去解决。

（2）解决具体问题时，针对问题确定一个技术矛盾后，要用该技术领域的一般术语来描述该技术矛盾，通过这些一般术语来选择通用技术参数，再由通用技术参数在矛盾矩阵中选择可用的发明原理。

（3）当选定某个发明原理后，必须根据特定的问题将发明原理转化为一个特定的解。在对问题的处理结果进行评价后，如果发现新问题，则要求继续分析问题，直到不出现新问题为止。

（4）找出解决问题的最终方案。按照 TRIZ 对发明问题的五级分类，一般较为简单的一至三级发明问题，运用发明原理或者发明问题标准解法就可以解决，而那些复杂的非标准发明问题，如四级问题，往往需要应用发明问题解决算法作系统的分析和求解。

本章通过一个实例综合阐述 TRIZ 理论是如何帮助工程设计人员及管理人员迅速发现主要问题并提供解决问题的相应原理，从而证明 TRIZ 理论在创新设计中的重要作用。

7.3.1　TRIZ 的应用实例

（一）航空燃气涡轮发动机的技术进化

随着发动机性能的不断提高（推重力增加、耗油率下降），发动机的结构也越来越复杂。由此带来了系统总重量增加、维修困难等一系列问题。下面以技术系统提高理想度进化法则在航空燃气涡轮发动机的进化中的体现为例，说明技术系统进化法则对复杂产品系统研发的指导意义。

20 世纪 30 年代，喷气发动机的发明人之一弗兰克·惠特设计了世界上第一台燃气涡轮发动机，其转子部分由单转子、单级整体压气机和 60 个叶片的单级涡轮组成。

到了 20 世纪 70 年代，英国的 RB199 三转子涡扇发动机（加力式涡扇发动机）用于狂风战斗机，由 3 级风扇、3 级中压压气机、6 级高压压气机、燃烧室、1 级高压涡轮、1 级中压涡轮和 2 级低压涡轮组成。整台发动机有 3 个转子，共有上千个叶片（其中涡轮叶片超过 300 个）、上万个零件。

到了 20 世纪 90 年代，发动机的性能进一步提高，但发动机的结构却越来越简单。与 20 世纪 70 年代的发动机相比，新一代发动机的零件数目减少三分之一；军用发动机的推重比正在向 15 迈进（而最早喷气发动机的推重比只有 2）；耗油率比 70 年代下降了 20%，比最初的喷气发动机下降了 60%；新一代发动机的寿命、平均故障时间、平均大修时间大幅度提高，而生命期成本和噪声水平等持续下降。

如何综合运用技术系统进化法则，判断目前技术状态下航空发动机的进化潜能，为预研投入提供决策支持，以简化的结构完成更多的功能，是航空发动机在今后一段时期内的发展方向。

由此也可以看出，TRIZ 理论的技术系统进化法则对复杂系统研发的指导意义如下：

（1）分析技术发展的可能方向；

（2）指出需要改进的子系统和改进方法；

（3）避免对成熟期和退出期（衰退期）的产品或技术大量投入；

（4）对新技术和成长期产品进行专利保护；

（5）用户和市场调研人员在进化法则的指导下参与研发，加速产品进化。

（二）宝马汽车的外形设计

在欧洲那些最初为行人和马车修建的城市道路上，由于汽车保有量的增加，交通变得十分拥挤。虽然政府采用了提高燃料费用的方法，但交通拥挤的状况并没有得到明显改善。为改变这种状况，市政府通过增加税收进一步提高大型汽车在城市里的使用费用，目的在于鼓励小型汽车的生产。然而，由于市场上没有非常有特色的小型汽车，在某种意义上小型汽车还不能成为有钱人身份、地位的象征。因此，以生产大型豪华私人轿车为主的德国宝马和奔驰公司，准备联合开发出一种名牌智能化的迷你型汽车，它不仅在城市中使用非常方便，还可以增加道路的使用空间，减轻空气污染，缓解交通拥挤，容易停车，而且价格更为经济，性能更为有效。

具体问题描述如下：

汽车的车身较长，碰撞过程中会有一个较大的变形空间，可以吸收碰撞过程中的冲击，缓解交通事故对人的冲击力，减轻对乘车者的人身伤害。但此种汽车重量与体积较大，转弯半径大，机动性差，非常笨拙，在一定程度上造成交通拥挤。而迷你型汽车体积小、重量轻，转弯半径小，机动灵活性好。可以减轻交通拥堵问题但因为车身较短，不具备变形缓冲功能，因此在碰撞事故发生时容易造成人员伤亡。

具体问题分析如下：

根据以上对问题的描述，发现在汽车制造过程中，如果缩短车身长度，则汽车的安全性降低，碰撞事故发生时容易造成人员伤亡，而增加车身长度，在一定程度上造成交通拥挤。分析得出在汽车制造过程中存在着一组物理矛盾：交通拥堵与防撞性能的冲突。即要减轻交通拥堵、提高其机动灵活性，又要避免因缩短车身造成的在交通事故中防撞性能降低的矛盾。

具体问题解决如下：

（1）将一般领域问题描述转换为 TRIZ 标准问题。"既要减轻交通拥堵、提高其机动灵活性，又要避免因缩短车身造成的在交通事故中防撞性能降低"的问题，从待解决问题的文字叙述中试着找出问题是由哪些相互矛盾冲突的属性所引起的。

工程参数 5 号运动物体的面积参数：运动物体的面积指运动物体被线条封闭的一部分或者表面的几何度量，或者运动物体内部或者外部表面的几何度量。面积是以填充平面图形的正方形个数来度量的，如面积不仅可以是平面轮廓的面积，也可以是三维表面的面积或一个三维物体所有平面、凸面或凹面的面积之和，此例中为物体的长度，属于改善的参数。

工程参数 22 号能量损失：能量损失指做无用功消耗的能量。为了减少能量损失，有时需要应用不同的技术手段来提高能量利用率。

（2）根据得到的工程参数确定解决问题需要的发明原理。

根据上述两个工程参数查阅矛盾矩阵，可以得到对该问题的解决有指导意义的两条发明原理：

15 号动态特性原理：①使一个物体或其环境在操作的每一个阶段自动调整，以达到优化的性能；②划分一个物体成具有相互关系的元件，元件之间可以改变相对位置；③如果一个物体是静止的，使之变为运动的或可改变的。

17 号一维变多维原理：①将一维空间中运动或静止的物体变成在二维空间中运动或静止的物体，将二维空间中运动或静止的物体变成在三维空间中运动或静止的物体；②将物体用多层排列代替单层排列；③使物体倾斜或改变其方向；④使用给定表面的反面。

（3）TRIZ 解的类比应用得到问题的最终解。

应用 15 号动态特性发明原理可以得到如下解决方案：提高运动物体的面积参数。

迷你型汽车的发动机被安装在车身下面，以增加发动机与乘客分隔空间的大小。与客车相比，碰撞影响区域位于车身的下面，因此，可提升位于碰撞影响区域上面的乘客空间。其动力装置采用完全电控的发动机系统，是一台涡轮控制的三气缸发动机，没有机械连杆与油门或变速杆连接。这种装置激活六速自动变速箱，变速箱可以在若干模式下运作，从完全自动到手工触摸转移，不必使用离合器。

应用 17 号一维变多维发明原理可以得到如下解决方案：将物体一维直线运动变为二维平面运动。

迷你型汽车的动力机安装在滑翔架上，碰撞时车身沿斜面运动，减轻碰撞时的冲击力，并增强了其抵抗外力变形的能力。

与其他类似的概念车作比较发现，这种迷你型智能汽车虽然微小，但空间似乎极其宽敞。乘车者坐在前、后纵向排列的两个座位里，前面两个车轮由铰链连接，车身坐落在此悬浮臂上，像摩托车一样，经由一种倾角控制系统控制转向端活动，并且车身前部可以斜靠进入边角。

可见，迷你型汽车本身并没有使用特殊材料来吸收冲击力，仅仅做了结构上的创新，其抵抗外力变形的能力便可堪与一辆普通轿车相媲美，如图 7-4 所示。本实例遵循了 TRIZ 理论的基本原则：没有增加新的材料而实现了其预定功能。

图 7-4　迷你宝马

练习题：

1. TRIZ 理论的核心思想是什么？

2. TRIZ 理论体系的核心概念是什么？

扩展阅读 7.1

案例分析

即测即练

微课视频

第8章 创新思维的发展趋势

学习目标

通过本章学习，学员应该能够：

1. 理解创新思维的发展和应用；

2. 了解创新思维的未来发展趋势。

案例导入

"互联网+"大赛助力青年实现梦想

自 2015 年首届"互联网+"创新创业大赛举办以来，累计 603 万个团队、2533 万名大学生参赛……一个个数字，标注着青年创新创业热情的不断攀升。这项赛事已成为助力众多青年实现创新创业成才梦想的摇篮。

2021 年，大赛进一步回归教育本质，坚守育人育才"本色"，力争从"稚嫩"中突出"不平凡"。新设"本科生创意组"，并设置单独的晋级通道，保障在校大学生深度参赛，让更多创新创业的"未来之星"脱颖而出。增加了参赛人员年龄不超过 35 周岁的限制，让更多青年学生有展示机会。大赛同期举办创新创业成果展，突出展示各地各高校落实立德树人根本任务、培养大众创业万众创新生力军的成果。

近年来，以大赛为抓手，我国创新创业教育改革不断深化，开设 3 万余门创新创业相关课程、建立 3.5 万余人的高校创新创业教育专职教师队伍、建设 200 所全国创新创业教育改革示范高校……一连串举措，厚植了中国双创人才的成长沃土。

在大赛带动下，青年学子的实践锻炼能力也显著增强。目前，超过 1 000 所高校的 139 万名大学生参与"国家级大学生创新创业训练计划"，累计约 34 万个国家级项目获得了总计超过 58 亿元的资助。

大赛举办以来，涌现出了一大批优秀的创新创业项目，充分体现了以科技创新为基础的大学生创业特点：

北京航空航天大学"天梭动力"团队研发的"北航 4 号"固液动力高空高速飞行器成功发射，实现固液动力飞行器高空高速有控长时飞行；

重庆大学"一脉相传"团队首创共享通道无线能量与信息同步传输技术，研制出"油脉"系列产品，大大提高钻井速度和安全性……

引领科研成果转化，大赛新增产业赛道，推动赛事成果转化与产学研深度融合，助力高校的智力、技术和项目资源与经济社会发展需求紧密对接，有力深化了高校与科技界、产业界、投资界合作，激发全社会创新创业创造动能。

教育部高等教育司司长吴岩表示，中国的创新创业教育培养了大学生敢闯会创的可贵素质，为当代大学生绽放自我、展现风采、服务国家提供了新平台。

【思考题】

互联网＋创新创业大赛给大学生创业带来了哪些机遇？

8.1 创新思维走入现代社会

恩格斯曾说思维是地球上最美的花朵，由此可见思维的重要性。而人类思维能力的发展，在很大程度上是受教育的影响，因为教育的本质在于改变人的思维方式，所以在学校中便开始现代化的思维教育是当代环境下一种重要的培养人才手段。另外，学生是社会发展的新生代主力军，面对越发复杂的社会问题，学生需要的是多角度的、具有创新性的思考能力。而高校作为培养社会优秀人才的重要场所，势必要重视对学生创新思维的教育，让学生有能力迎接知识化、经济化时代的挑战。

8.1.1 创新思维进入各个高校

在教育行业，创新思维被应用于课堂教学和课程设计之中，一方面是创新理论课程的开设；另一方面是设计思维或 TRIZ 理论在学校教育的应用。例如，用设计思维解决教育过程中的问题，通过 TRIZ 发明方法培养创新能力等，以促进"万众创新"，实现人才培养。

（一）设计思维教育应用

设计思维作为一种有别于传统技能型、灌输型教育的开放性教育模式，能有效激发学生的创新思维。首先，设计思维教学模型是一种跨学科式的团队教学，它以项目的形式将来自不同学科、不同专业的人聚集在一起，共同思考、集思广益。因为专业背景的不同，他们更容易产生思想火花的碰撞。其次，在这个团队中，大家不仅能发挥自己专业的特长，还能在交流协作的过程中让团队成员学习其他专业的知识，一起进步与完善，最终提出非常合理的设计方案。

真正意义上推动设计思维的实践运用是 2005 年由大卫·凯利建立的世界上第一所设计学院——美国斯坦福大学设计学院，以及由乌利西·温伯格创办的德国波茨坦大学设计学院，这使设计思维方法理论可以更好地用于实际并提出解决方案。目前，设计思维作为一种融合教与学的有效策略，在各个国家的教育领域得到了广泛应用。

例如，美国旧金山一所公立初中学校实施了一个将设计思维方法融入课堂教学的项目，以提升学生的创造能力与解决问题能力。首先教授学生设计思维的概念，再让学生以组为单位，到户外以拍摄、记录的方式收集能体现"结构"概念的例子，然后要求其分析、进行头脑风暴、制作原型、展示、完善等，让学生从被动地听变成主动地实践。在提升课堂参与度的时候，学生的分析能力、创新能力、合作沟通能力及动手能力等都能得到锻炼。

又如，德国波茨坦大学设计学院开设的设计思维课程，要求每个团队花一学期为一个企业或机构解决问题，如为著名电器企业设计声控家具等，提倡学生"用双手思考"，培养其发现问题并做出具有实际意义模型的能力。

再如，我国的国内高校之间进行的"高校环保创意科技大赛"项目及国际高校合作的"基于低碳设计的工业废弃物升级利用"项目，不仅能加强我国和外国高校在教育事业上的合作沟通，还能在低碳环保的基础上提升学生的设计能力、创新能力与实践操作能力。

这些学校将设计思维融入教育教学工作，重视学生创造能力和问题解决能力的培养，不仅有助于促进教学方式的变革与创新，获得更有效的教学方法，还能帮助学校为这些未来的创新设计师提升"核心竞争力"。

（二）TRIZ 理论的教学应用

TRIZ 理论在大学生的创新思维培养过程中同样占据重要的地位，它不仅是培养大学生创新思维的方法论，还能为大学生的创新创业提供科学的指导。

在课堂设计中，可以将 TRIZ 理论与实际项目相结合，让 TRIZ 融入课堂内容中，以教学的形式让教师带领学生展开实际的项目实战，引导学生主动思考，发现项目的问题，再对问题进行定义，运用 TRIZ 理论的内容去思考并解决问题；或者根据 TRIZ 的创新原理、参数等设计相应的问题，将其融入实践项目或学生的专业课程中，以此培养学生的创新兴趣，同时还能巩固其专业知识。

学校还可以直接针对 TRIZ 理论设计课程模块，如系统进化趋势、科学效应库、解决物理矛盾与技术矛盾、建立物—场模型、利用一般解法和 76 个标准解决问题等，并进行相应的知识竞赛项目，吸引学生参与，以此提升创新的兴趣，让其尝试产品的开发、更新与设计。教师引导学生进行科学、大胆、合理的分析与探索，从而真正解决问题，达到创新成果落地的效果。

另外，不少高校还拥有专门的实践基地及产业孵化基地，学校可以与企业合作，或配合国家相关工业创新设计项目、创业项目等，展开实际的训练活动。这样不仅能实现校企共同的创新项目合作，而且学生还可以到企业中学习观察，提前了解目前行业的创新项目潮流，在学习阶段就得到大脑思维的全面和深度开发，以便更适应企业、行业及社会需要。

8.1.2 "互联网+"与创新

扩展阅读 8.1

"互联网+"案例

什么是"互联网+"？其实就是利用网络平台或网络通信技术，将互联网与各行各业结合起来协同发展，如互联网教育、互联网医疗、互联网金融等新业态的诞生，就是将互联网向其他产业渗透。互联网转型是互联网技术的升级，不会改变企业的本质。

"互联网+"的创新案例有很多。例如，某扶贫县利用电商平台将农产品推向市场；针对大学生的"互联网+"创新创业大赛，其涵盖了现代农业、制造业、信息技术、工艺创业、文化创意服务等多个领域，不仅受国家教育部和学校的重视，而且对于大学生来说也是非常好的机会，一方面说不定就能直接创业；另一方面也是对自己创新能力的一种锻炼，对各行各业也会有更多的了解。

例如，武汉某参加 2018 年全国大学生电子设计创意创新比赛并获一等奖的小组，就在参与比赛时与其他的创意创新学子进行交流，不断积累各种经验，并成功创办了一家网络科技有限公司，专注于为中小型企业提供计算机及网络技术支持服务。这种"互联网+"的项目能充分开发并激发大学生的创新潜能，这也是现在热门的、适合大学生的创新活动。

8.2 感受全球创新浪潮

不管是企业、组织还是个体，都是在面对未来和创造未来。在这个过程中，创新作为一种可以创造更多突破性机遇的有效方式，被越来越多的企业、团队所认可与重视，他们开始以设计思维去思考，去预测问题并解决问题，以挖掘创新带来的更多可能性。下面从全球创新出发，认清设计思维的大思潮，并对 TRIZ 理论的发展趋势进行了解。

8.2.1 认清设计思维的大思潮

约翰·加德纳说："我们之前有许多突破性的机遇，都被伪装成不可解决的问题。"而设计思维正是可以利用思维手段，综合把握需求、科技与商业的切合点，是创造发展机会的有力手段。不少公司与企业也已经在使用设计思维去认识问题，并在时代变化的洪流中开拓创新。

（一）产业设计

从设计思维角度出发，对现有产业进行优化或创造出新的产业已成为现在比较流行的创新性工作，越来越多的企业和人在从事这类工作，并取得了不错的成绩。

2008 年，两个从美国罗得岛设计学院出来的学生合租在一个房间，因为失业带来的经济与生活方面的压力，他们决定把公寓里闲置的阁楼租赁出去，由此，便拉开了爱彼迎（Airbnb）的辉煌帷幕。

扩展阅读 8.2

爱彼迎

同年，一个工业设计会议即将于旧金山召开，当时很多酒店已人满为患，两人看到了商机，购买了充气床垫，在网上创建了一个叫作"Air Bed Breakfast"（空床早餐）的网站，顺利以每人 80 美元一天的价格，将客厅租给了 3 个参会人员，这个网站便是爱彼迎的前身。

爱彼迎其实就是从设计思维的角度出发，对企业的产业结构、服务理念进行创新设计，相比于传统的企业，它为人们的旅行、生活带来了一种新模式。与此同时，也有不少公司在对自己的产业进行创新，以进一步挖掘并满足人们的需求。例如，有些公司在胶卷盛行的时代就已经在进行数码相机的研究了，而数码相机后来也确实改变了人们的生活。

除爱彼迎外，还诞生了不少设计思维类的公司，著名的有 IDEO、IBM 等，帮助企业、组织等进行各方面的设计、改造与建设，这不仅代表一种新的产业业态，还显现出设计思维的大发展浪潮。

（二）仿生设计

人类发展对环境造成的破坏、自然资源的短缺，也使设计思维在环境保护领域占据一席之地，避免环境污染、促进资源的再循环与创新设计思维息息相关。

例如，工业设计中原料—生产—废料这样生产过程中，只考虑产品的功能、形状和材质，而忽略了环境因素，不考虑报废、回收、利用等程序，与可持续发展相背驰。从设计思维的角度来说，这就是不合理的设计。

在资源利用与环境保护方面，科学界联合生物技术领域，开发了一门新学科——仿生设计。这种设计是利用生物圈原理和结构特征制造出来的技术系统，生物圈内的各部分之间可以相互作用、相互渗透、共同发展，确保形成一个合理的、可循环利用的系统。这种设计理念一方面可以满足人类拯救环境的需求，另一方面满足商业可持续发展的设计要素。

例如，用新能源车取代燃油汽车，或者开发太阳能，设计一款无污染、低能耗的新型交通代步工具，也是一种仿生设计。

以"产品设计—生产—租赁—客户反馈—进行处理—报废—回收利用—重新设计"这样的良性循环模式取代"产品设计—生产—销售—使用—报废—废物"的资源浪费模式，这种将产品的设计、使用、报废与再利用等纳入循环流程中的设计思维模式能更好地促进人、产品、环境的统一，帮助人们更好地面对未来。

8.2.2 了解 TRIZ 理论的发展趋势

在工程技术领域，应用较多的创新方式是 TRIZ 理论，其主要解决的是发明创造过程中遇到的问题。如今，TRIZ 理论运用不仅是机械制造、航天航空等工程技术方面的重心，而且在生物学、艺术、教育、医学等非技术领域的运用也成了一股不容忽视的发展潮流，并逐步走向企业与市场。

一方面，随着 TRIZ 理论的不断完善，如 39 个技术参数被更新为 48 个，TRIZ 更满足现在解决技术问题的需求；为了使 TRIZ 能更好操作，便采用与其他方法结合应用、通过计算机辅助及寻找新创新模式等三合一的方法，以提升 TRIZ 使用的智能化水平。

例如，将层次分析法、质量功能展开、产品生命周期分析等方法与 TRIZ 进行综合运用研究；利用 Goldfire Innovator、Innovation Tool 等计算机辅助教学软件帮助用户厘清创新结构流程，分析、解决问题则更加容易；融合一些系统化的旧方法形成 WOIS 理论，TRIZ 理论得到发展和扩充，并得到进一步的拓展应用，更具实用性与操作性。

另一方面，很多公司已经开始引入 TRIZ 及创新方法，TRIZ 理论也得到了大范围的推广和运用，如宝马、松下、索尼、三星等。据悉，世界 500 强企业中已有超过 400 家公司在利用 TRIZ 理论解决问题。在国内，也有不少公司在利用 TRIZ 发明创造并成功申请专利，各省市也在积极开展 TRIZ 创新理论项目，发展创新方式试点示范企业，组织 TRIZ 教学培训，并鼓励各大企业员工积极参与。据调查资料统计，企业引入创新方法之后，其创新能力与速度得到明显提升，在解决问题和申请专利的数量上都有明显进步。

在未来，随着经济、科学技术的进步，TRIZ 理论势必会得到进一步发展。若 TRIZ 的操作程序、理论工具等得到自我完善与发展，TRIZ 的运用将会更加普及、广泛。

8.2.3　抓住创新思维的大发酵

科学技术的发展，使创新思维有了更大的发展空间，更多的商家和企业将两者结合起来运用于商业日常中，既能满足消费者日渐高涨的"新颖性"需求，还能提升消费者的购买体验，这也是在科技发展的大环境下创新发展的大趋势。

例如，为了使实体商场更好地适应消费者需求，帮助消费者更快地找出他们需要的产品，促进他们的消费决策，美国梅西百货将 iBeacon 技术运用于消费者的实时购物环节。

iBeacon 技术的工作原理是 iBeacon 利用蓝牙创造一个信号区域，当 iOS 设备进入这个区域时，iBeacon 信号会将消费者的特定 App 唤醒，为消费者提供特定信息推送、线下商场顾客感知与行为分析等服务，让移动设备具有语境计算能力。

在消费者走进商场之后，可以扫描 iBeacon，通过 iBeacon 中的标识符，消费者可以定位自己处于商城的什么位置。然后，商场的 App 将被唤醒，并根据消费者所处位置推荐相应的折价、优惠、商品建议咨询等信息，且在不同的楼层，消费者会接收该楼层所有商品相关的内容，使消费者的消费活动非常精准、便捷。这其实体现了一种"以人为本"的设计思维，因为智能手机的广泛使用，导致消费者购物时，利用手机辅助购物的行为较为普遍。商场在以消费者为中心的理念上，让消费者通过使用他们熟悉的网络和电子设备去互动，获取信息，不仅提供了购物的便捷与乐趣，促进消费者冲动购物行为的产生，还能使消费者感受商场的经营理念，获得品牌认同。

耐克曾经在纽约街头放置了一台标有"NIKE"的自动售货机，里面有耐克的短袖、帽子等，消费者只需戴上耐克的 Fuelband 运动手环，根据手环显示的用户 24 小时内获得 Fuel point 数值，就能换走相应价值的商品。Fuelband 是耐克推出的一款穿戴式健身追踪设备，用这款不花钱的自动售货机来检测用户的运动情况，而这次的"不花钱的自动售货机"行动，其实是耐克针对其中手环设备的一种营销手段，展现了十分独特的创意。

8.3 探索未来可能的新兴创新机会

向创新型国家发展一直是我国的发展目标，要使社会更快地进步，壮大创新型企业集群，需要培养更多的创新人才。不管是大数据，还是更新技术的出现，都是创新带来的结果，因此在当前，我们还需要扩大创新领域，保持创新精神，才能更好地推动国家、企业获得进步。

8.3.1 认识影响未来的创新应用

创新正在逐步改变人们的生活，在物联网方面，新服务的出现也为人们的物质生活注入了巨大的活力。

著名的美国电商巨头亚马逊就已经开始了颠覆传统物流配送的创新实践。2015 年 3 月，亚马逊在获得美国政府的允许后，便在户外进行无人机的测试。亚马逊试图用无人机对货物进行配送，这极大地冲击了传统的人工派送服务。无人机送货作业流程十分自动化，不仅可以在短时间内将货物送至顾客手上，还可以节约公司的人力成本。亚马逊户外试飞几个月后，便开发了第二代无人机。新一代的无人机技术更加先进，它增加了自动躲避障碍物的新功能，可以结合计算机视觉，利用无人机身上的摄影镜头，来自动感应前方的障碍物并进行躲避。而在飞行过程中，无人机也会显示运送剩余时间、飞行数据，到达目的地降落之前，还会自动侦测顾客指定的收货地点是否与订单地址吻合，才降落指定位置并将商品卸货。

与此同时，亚马逊还建立了一个空中仓库，可以为无人机提供补货、充电等服务。此外，手机信号塔、电线杆、电话亭等也可以作为其接驳点，方便操作员进行无人机派送任务的调配，同时能为无人机提供更精准的位置信息。在天气突变的情况下，无人机可以在"接驳点"稍作休息。图 8-1 所示为空中仓库。2017 年 6 月，亚马逊曝光了一款新的专利申请——多层无人机物流中心。它的外形是一座类似蜂巢的塔楼，内部配备机器人，配送无人机可以在该运营中心停靠，并装载下一单配送任务的货物。人们也无须太过担心货物的安全问题，亚马逊也获得了自动拆解式无人机专利，也就是在可能发生碰撞等危机时，无人机会触发拆解装置，自动拆解组件，控制器还会让组件投放在安全的地方，并尽量减少货物的损失。

图 8-1　亚马逊空中仓库

目前，联邦快递、英特尔、沃尔玛、直升机协会等也在进行这方面的研究。这也是促进社会向机械化、自动化发展的表现。也许有一天，这种配送方式进入实用阶段，届时，必将对我们的生活产生划时代的意义。

在 2018 年国际新型技术展上，车载显示、应用于智能手机的柔性显示，工控显示，教育显示、8K 电视显示、智能可穿戴设备显示等创新应用得到了广泛关注，新能源汽车的快速兴起，以及人们对行车安全、导航、娱乐等需求的增加，车载市场对显示屏的需求也快速提升。同时，基于 5G、智能制造、物联网、"互联网＋"等的快速发展，显示终端产品应用将进一步打开，也让企业看到了巨大的机会。

8.3.2　响应政策的号召

《中共中央关于制定国民经济和社会发展第十三个五年规划的建议》中指出："创新是引领发展的第一动力。必须把创新摆在国家发展全局的核心位置，不断推进理论创新、制度创新、科技创新、文化创新等各方面创新，让创新贯穿党和国家一切工作，让创新在全社会蔚然成风。"创新是建设现代化经济体系的战略支撑，要实现建设"创新型国家"的战略目标，做到"万众创新"，就要进一步提高民众的创新意识。

创新不仅仅限于技术、发明、物质、科技、工艺，也可以是在执行、战略、营销与管理等层面的创新；创新也不仅仅只是发明家的事，人人皆能创新。据《国家创新指数报告2016—2017》统计，2016年，我国国内发明专利申请量达96.8万件、授权26.3万件，居世界第一位，其中有不少就是各行业中的普通就业者完成的。

国内有不少创新项目，包括"互联网＋""中国创新创业大赛""汇新杯"等活动也是在推动创新的发展。人人都可以去进行自己的创新实践。例如，赵正义，尽管学历不高，却发明出了高效、节能又环保的新型塔基，获得了国家科学技术进步二等奖；"金牌工人"许振超，从一名普通工人自学成为"桥吊专家"，先后6次打破集装箱装卸世界纪录，使"振超效率"声名远扬。

其实不管是发明技术，还是利用设计思维设计新的产品或服务，都是一种创新服务。不管是发明家、工程师、企业还是个人，都可以创新。创新不是个人的"专利"，也不是一件难办的事情，创新可以从生活开始，当拥有了创新思维和创新精神，你会发现自己看待生活的眼光发生了改变，也能为社会的发展进步贡献自己的一份力量，未来会更具有挑战，也会因充满机遇而变得更加美好。

8.3.3　开放思维，做一个创新型人才

大学生作为社会发展的生力军，要适应社会潮流趋势，做企业需要的人才，应培养自己的创新思考能力。由于大学生身处校园，因此在创新意识的培养上，一方面可借助于学校的教育资源，另一方面则应具备自主创新精神。具体内容如下。

（一）教育支持

大学生很多时候都身处校园之中，接受学校的教育，因此学校可以对学生进行有计划的创新引导与培养，帮助其成为创新型人才。

1. 将创新与创业、竞赛联合在一起，加大推广力度

高校中往常举行各类创新创业大赛或科技竞赛，学生可以在学校的鼓励下积极参与，培养自己的创新意识与动手能力。课外科技作品竞赛是培养大学生创新创业兴趣的有效途径。

南通大学就逐步形成了"3+3+X"的多级竞赛体系。第一个"3"是指"挑战杯"全

国大学生课外学术科技作品竞赛、"挑战杯"中国大学生创业计划大赛、青年创意创业计划大赛 3 个在全国影响较大的科技创新创业类竞赛；第二个"3"是指南通大学课外学术科技作品竞赛、大学生创业计划竞赛和校园营销精英挑战赛；"X"是指除上述 3 个主要竞赛以外，其他可选择性参加的竞赛，包括电子设计竞赛、电子商务竞赛等。这种活动模型就值得各校借鉴，可以在竞赛过程中培养大学生创新创业的兴趣和主动性。

2. 将创新教育与其他产业融合

因为创新应用不应完全来自于学校，所以要把产业界的元素和学校教育进行有机融合。

例如，学校与企业合作，学生在企业实习，实训基地也会为实习生提供一个非常真实的环境。在实训过程中，把学生分成项目组，由项目经理带队，再进行设计思维等相应的创新实战锻炼，实行"真项目、真操作、真环境"的训练模式。也可以利用一些网上模拟的训练系统，如电商类的软件开发环境就是可以网上模拟的环境。

另外，在进行技能知识学习时，在企业环境下，可以融入职业素质和专业的培养，由企业中有经验的从业者讲述，学生可以感同身受，有所体会，对大学生的教育也会有比较好的效果。

3. 及时更新

可以将国内地方性产业发展的规划和国际上未来的发展趋势紧密结合，融入人才培养计划中；还可以将产业界最新的科技动态和新的教育模式一并融入教学中，使用最先进的课程体系，并随时跟踪最新演变，让学生更好地适应时代的步伐。

（二）具备自主创新精神

在面对创新的潮流趋势时，大学生应意识创新的重要性，包括：创新意识和创新能力是大学生素质教育的核心；创新意识和创新能力是大学生获取知识的关键；创新意识和创新能力是大学生终身学习的保证。

创新可以帮助人们用发展的观点看问题，这在某种程度上可以促进科学的发展。例如，爱因斯坦在别人研究的基础上进行理论创新，提出了广义相对论和狭义相对论，而这一创新正是人们用联系和发展的观点去看问题、去认识世界和进行创新性实践的桥梁。

因此，大学生最好具有学习、好奇、兴趣、质疑、探索的意识。

- 学习是用理论知识武装自己。
- 好奇可以帮助自己产生想法，并将之付诸行动，正如黑格尔所言："要是没有热情，世界上任何伟大事业都不会成功。"

- 兴趣可以将事情变成爱好，是创新意识的营养。
- 质疑是创新意识的重要表现，"小疑则小进，大疑则大进"。
- 探索可以深入理解理论本身，从而去发现新问题，提出新见解。

积极的人才可能成功，成功总是青睐有准备的人。大学生在校园期间一定要努力充实自己，开放思维，提高自己的社会实践、语言表达、分析应变、创新能力、心理素质、专业技能等各方面的综合能力，让自己成为更优秀的创新型人才。创新型人才将是我们社会今后急需的一种资源，所以我们要努力使自己成为一个社会需要的人才，实现人生价值。

练习题：

1.大学生需要具备自主创新精神吗？

2.举一个你身边的创新思维应用的实例。

扩展阅读8.3

创新驱动中国

即测即练

微课视频

参 考 文 献

[1] 周苏，谢红霞．创新思维与创业能力 [M]．北京：中国铁道出版社，2017．

[2] 杨明．新业态与创新思维 [M]．广州：暨南大学出版社，2017．

[3] 吕爽．创业基础 [M]．北京：中国铁道出版社，2016．

[4] 威廉·罗森．世界上最强大的思想：蒸汽机、产业革命和创新的故事 [M]．北京：中信出版集团，2016．

[5] 饶扬德，刘万元，邓辅玉．创业学 [M]．北京：中国人民大学出版社，2016．

[6] 刘华涛，李玉洁．微创新的魅力 [M]．北京：中国社会科学出版社，2016．

[7] 孙健．重构商业秩序：移动互联网时代的颠覆法则 [M]．北京：电子工业出版社，2016．

[8] 刘继承．"互联网＋"时代 IT 战略、架构与治理——传统企业信息化转型的顶层设计 [M]．北京：机械工业出版社，2016．

[9] 周锡冰．互联网化：传统企业自我颠覆与重构之道 [M]．杭州：浙江大学出版社，2016．

[10] 冯林，张崴．批判与创意思考 [M]．北京：高等教育出版社，2015．

[11] 陶松垒．创新思维与专利申请 [M]．北京：清华大学出版社，2015．

[12] 王吉斌，彭盾．互联网＋：传统企业的自我颠覆、组织重构、管理进化与互联网转型 [M]．北京：机械工业出版社，2015．

[13] 荆涛．互联网＋：传统企业商业模式升级与创新 [M]．北京：中国财政经济出版社，2015．

[14] [英] 东尼·博赞，巴利·博赞．思维导图 [M]．卜煜婷译．北京：化学工业出版社，2015．

[15] 李善友．颠覆式创新：移动互联网时代的生存法则 [M]．北京：机械工业出版社，2015．

[16] 于扬．互联网＋企业行动指南 [M]．北京：机械工业出版社，2015．

[17] 詹正茂．创新型国家建设报告（2013—2014）[M]．北京：社会科学文献出版社，2014．

[18] 吉家乐．哈佛思维训练课 [M]．天津：天津科学技术出版社，2014．

[19] 李虹．创新思维训练教程 [M]．成都：西南财经大学出版社，2014．

[20] 创新方法研究会，中国 21 世纪议程管理中心 . 创新方法教程（初级）[M]. 北京：高等教育出版社，
2012.

[21] 呼志强 . 打破思维里的墙 [M]. 北京：北京航空航天大学出版社，2012.

[22] 张荣华 . 思维风暴 [M]. 北京：中国华侨出版社，2012.

[23] 刘燕华，李孟刚 . 创新方法学 [M]. 北京：高等教育出版社，2011.

[24] 迈克尔·A. 奥尔洛夫 . 用 TRIZ 进行创造性思考实用指南 [M]. 北京：科学出版社，2010.

[25] 胡雪飞 . 创新思维训练与方法 [M]. 北京：机械工业出版社，2009.

[26] 王振宇 . 创新思维与发明技法 [M]. 北京：中国工人出版社，2008.

教师服务

感谢您选用清华大学出版社的教材！为了更好地服务教学，我们为授课教师提供本书的教学辅助资源，以及本学科重点教材信息。请您扫码获取。

≫ 教辅获取

本书教辅资源，授课教师扫码获取

≫ 样书赠送

创业与创新类重点教材，教师扫码获取样书

 清华大学出版社

E-mail: tupfuwu@163.com
电话：010-83470332 / 83470142
地址：北京市海淀区双清路学研大厦 B 座 509

网址：http://www.tup.com.cn/
传真：8610-83470107
邮编：100084